Les fondements de l'économie gandhienne

Recherches Asiatiques

Collection fondée par Alain Forest

et dirigée par Jérôme Martin, Bruno Péquignot et Denis Rolland

Dernières parutions

Dominique LELIEVRE, *Les Voies de la Chine. Facettes d'une évolution contrastée*, 2023.

Laurent CHAZEE, Communautés rurales du Laos : la génération de l'oubli, *Peuples ruraux de la famille linguistique tay. Partie II*, 2023.

Laurent CHAZEE, Communautés rurales du Laos : la génération de l'oubli, *Peuples ruraux de la famille linguistique tay. Partie I*, 2023.

Justine CLAUDE

Laurent CHAZEE, Communautés rurales du Laos : la génération de l'oubli, *Peuples ruraux de la famille linguistique miao-yao*, 2022.

Justine CLAUDE, *La restitution des biens culturels*, 2022.

Olivier GUILLARD, *A Dangerous abyss called Pakistan*, 2022.

Pierre-André BIZIEN et Dung PHAM TRAN, *Histoire d'une grande famille vietnamienne. Madame Kiến et les siens. De Hà Nội à la France, 1885- 2018*, 2022.

Charles-Eric CANONNE, *La stratégie de Pékin en mer de Chine*, 2022.

Nicolas GAUTIER, *Shintoïsme et décolonisation en Extrême-Orient*, 2022.

Bernard FRANÇOIS, *Badshah Khan, le Gandhi de la frontière. Islam et non-violence chez les Pachtounes*, 2022.

Amritananda Das

Les fondements de l'économie gandhienne

Traduit par Fernand Ouellet

Avec la collaboration de Mathieu Arès et d'Alexandre Millette

L'Harmattan

5-7, rue de l'Ecole-Polytechnique, 75005 Paris
http://www.editions-harmattan.fr
ISBN : 978-2-14-049207-5
EAN : 9782140492075

PRÉFACE

Dans le tumulte de l'accession de l'Inde à l'indépendance et de la séparation du Pakistan, Mohandas Karamchand Gandhi est mort assassiné sous les balles d'un extrémiste hindou le 30 janvier 1948. Heureusement, les préceptes de la résistance pacifique, de l'autodétermination des peuples colonisés et de la tolérance religieuse lui ont survécu, inspirant par la suite les mouvements de décolonisation et des droits civils. Mais une partie de ses enseignements est restée dans l'ombre. Au-delà des cercles d'initiés, sa pensée économique est demeurée largement méconnue.

Dans son essai *Les fondements de l'économie gandhienne*, paru en anglais en 1979, Amritananda Das a permis de combler cette lacune. Il a fait œuvre utile en synthétisant des éléments de la pensée économique de Gandhi qui se trouvaient éparpillés dans ses discours, écrits et autres entrevues, et qu'il a ainsi rappelés à la mémoire de tous les passionnés de la pensée de ce pionnier. Cette dimension mérite à elle seule une lecture de l'ouvrage. Mais, il y plus. Économiste du développement, l'auteur cherche à valider la pensée économique gandhienne et à démontrer sa pertinence comme modèle de développement non seulement dans le contexte indien, mais dans l'ensemble du monde en développement, notamment dans les pays confrontés à l'extrême pauvreté des masses rurales. Si sa démonstration mathématique permet de soutenir le modèle gandhien du développement, une écriture vulgarisée permet au grand public de bien suivre l'argumentaire et de comprendre la pensée économique de Gandhi. L'ouvrage intéressera certainement ceux qui cherchent à comprendre la politique indienne, le positionnement de ce pays au sein des pays non alignés ou du BRICS, sa volonté d'autosuffisance et son ouverture économique limitée.

La pensée économique de Gandhi a été marquée par les événements de son époque : la domination coloniale britannique d'abord, mais également la grande dépression, les économies planifiées, sous les diktats communistes ou en raison des conflits mondiaux, les politiques de reconstruction et d'émancipations nationales, la diffusion des idées keynésiennes. Tout cela a tendu à valoriser le rôle de l'État dans le développement, idée largement partagée par les premiers penseurs du développement. Là où Gandhi s'est réellement démarqué, c'est, d'une part, dans l'importance qu'il a accordée au monde rural et, d'autre part, dans le rejet du marché capitaliste comme autorégulateur de la croissance et du développement. Contrairement à Rostow et à l'École de la modernisation qui voyaient les structures sociales ancestrales et traditionnelles comme d'importants freins au développement économique et politique empêchant d'atteindre des stades avancés, Gandhi considère plutôt que ces structures ne devaient pas être combattues et qu'elles devaient participer à l'effort de développement.

C'est en ce sens qu'il désirait réactiver le concept de gouvernance locale traditionnelle des « panchayats ». Ces gouvernements locaux sont caractérisés par une vision communautariste du développement, à mi-chemin entre l'individualisme capitaliste et du collectivisme marxiste. L'individu n'est pas en concurrence avec les gens de sa communauté, il en fait partie intégrante. Il n'est pas non plus noyé, voire marginalisé, dans un système politique autoritaire. Dans les panchayats, des personnes historiquement marginalisées peuvent participer directement à la prise de décision de la communauté puisque le tiers des sièges est réservé aux basses castes et aux femmes. Cette conception de la gouvernance locale gandhienne a depuis été reconnue et officialisée dans la constitution de l'Inde en 1992.

La pensée économique de Gandhi se démarque également de celle des penseurs de l'École structuraliste qui, comme Raúl Prebisch ou Albert Hirschman, proposaient de « sauter les étapes » par des politiques de substitutions des importations, par la mobilisation de l'épargne nationale et l'aide publique au développement et, surtout, par la mise en œuvre par l'État de politiques industrielles selon lesquelles la priorité devait être accordée à l'énergie, aux infrastructures, à l'acier et aux « industries industrialisantes », l'automobile en tête. On connaît la suite : si elles comptent quelques réussites, notamment parmi les grands pays en développement, pensons aux « miracles » mexicain, brésilien et, dans une moindre mesure, indien, les politiques de substitutions seront tour à tour largement abandonnées durant la crise de la dette et la décennie 1990 au profit de politiques d'ajustement structurel et d'ouverture économique. Dans le cas de l'Inde, il s'agit d'une ouverture économique partielle caractérisée par le maintien de barrières tarifaires élevées visant notamment la protection du secteur agricole. Si Gandhi acceptait l'idée que les politiques industrielles et commerciales doivent viser l'autosuffisance, voire l'autarcie, pour lui, l'accent mis sur le secteur industriel constituait une importante erreur. Selon lui, l'épargne nationale se devait d'être canalisée vers le secteur rural et la production alimentaire pour combattre la faim et la pauvreté des masses.

Toutefois, la pensée économique gandhienne n'est pas sans limites. D'abord, comme cela vient d'être mentionné, elle s'est édifiée dans un contexte de résistance pacifique à la domination coloniale et elle en tire certaines caractéristiques. Aujourd'hui, l'Inde se présente par son PIB comme la troisième économie mondiale, devancée seulement par la Chine et les États-Unis. Elle est en voie de devenir le pays le plus peuplé de la planète, ce qui en fait un acteur politique apte à résister à toute influence ou domination étrangère. Plus important pour notre propos, Gandhi rejetait le commerce international et l'investissement direct étranger perçus comme des relents de néocolonialisme. Toutefois, comme le démontre clairement le succès économique de la Chine, voire de la plupart des pays asiatiques, l'insertion dans les chaînes de valeurs globales a permis à la fois leurs transformations en puissance manufacturières et l'absorption d'une partie de la main-d'œuvre rurale excédentaire, l'abondance et les coûts de la main-d'œuvre devenant un puissant facteur de compétitivité.

Est-ce à dire que les pays pauvres doivent accepter les diktats du libre marché et renoncer à une action étatique déterminante pour le développement national et la lutte à la pauvreté ? Le modèle de développement proposé par Gandhi est-il dépassé et n'intéresse-t-il désormais que les historiens ? Tout au contraire, la transformation de l'Asie en atelier du monde illustre clairement le fait qu'une action déterminante de l'État associée à une politique commerciale adaptée aux réalités nationales et sectorielles a été un gage de réussite. Toutefois, si le libéralisme triomphant a permis le développement industriel et urbain, il reste que, la plupart du temps, il passe sous silence l'impact souvent négatif et fragilisant de la mondialisation sur les secteurs traditionnels moins compétitifs où se concentrent les populations pauvres, notamment dans le monde rural. Sur ce plan, Gandhi avait raison d'accorder une priorité à la modernisation de la production agricole et au soutien des populations marginalisées.

De plus, bien qu'elle n'en fasse pas directement mention, à l'heure d'une prise de conscience mondiale de la crise climatique, l'économie gandhienne est apte à alimenter la réflexion sur l'impact de la croissance et l'accumulation de la richesse à tout prix sur le climat et la destruction des écosystèmes. En opposant une économie sociale à la croissance capitaliste, l'économie gandhienne propose une vision du développement ancrée dans la communauté, compatible avec les besoins de ce vaste pays et les objectifs du développement durable.

Mathieu Arès

École de politique appliquée
Faculté des lettres et sciences humaines
Université de Sherbrooke

NOTE DU TRADUCTEUR

Comme je ne suis pas un économiste, mais un philosophe des religions, je crois qu'il est pertinent de fournir quelques indications sur les raisons qui m'ont amené à traduire un livre sur la pensée économique de Gandhi.

Pendant les dix premières années de ma carrière à l'Université de Sherbrooke (1970-1980), j'ai tenté de développer une approche non confessionnelle de l'étude des religions à l'école. J'ai développé un volet professionnel dans le programme de Maîtrise en sciences humaines des religions pour répondre aux besoins de formation des enseignants engagés dans l'expérimentation d'un cours de « culture religieuse » offert en option à l'enseignement religieux confessionnel dans les trois dernières années du cours secondaire[1]. Ce programme de perfectionnement comportait un volet « Exploration d'une tradition religieuse étrangère ». Comme j'avais été intéressé par les traditions religieuses de l'Inde pendant mes études doctorales à l'Université McGill, j'ai organisé quelques voyages d'études en Inde afin de permettre aux enseignants d'avoir un contact direct avec des hindous, des bouddhistes et des musulmans de l'Inde et du Pakistan.

Comme cette première tentative pour remplacer l'enseignement religieux confessionnel par un enseignement culturel des religions dans les écoles a été un échec, il m'a fallu réorienter le programme de Maîtrise en sciences humaines des religions. À mon retour d'une année sabbatique en Inde pour apprendre le hindi, je me suis intéressé aux diverses initiatives québécoises pour développer l'éducation interculturelle et l'éducation à la citoyenneté et j'ai ajouté un volet « Formation interculturelle » au programme de Maîtrise en sciences humaines des religions. Les vingt-six dernières années de ma carrière ont été consacrées à des recherches sur l'éducation interculturelle et l'éducation à la

[1] Pour un bilan de mes travaux sur cette question, voir Ouellet, 1985, 2005 ; Ouellet et Milot, 1997.

citoyenneté[2], au perfectionnement des maîtres intéressés par cette forme d'éducation et à la traduction de deux recueils de nouvelles et d'un roman[3] de Premchand, un contemporain de Gandhi qui a participé avec sa plume à son combat non violent pour l'indépendance de l'Inde.

La formule de formation se fondait sur une conception de l'éducation interculturelle et de l'éducation à la citoyenneté qui accordait une place importante à la diversité culturelle et religieuse. Le tableau suivant permet d'en avoir un aperçu.

ÉDUCATION INTERCULTURELLE/ ÉDUCATION À LA CITOYENNETÉ

A- PRÉOCCUPATIONS/ VALEURS	**B- THÈMES PERTINENTS**	**C- DISPOSITIONS ET ATTITUDES**
Préservation de la diversité culturelle	Culture, ethnicité et identité dans le contexte de la modernité. Relativisme culturel et nécessité de le dépasser. Droits collectifs dans les « démocraties providentielles ». Politique de l'identité.	Acceptation d'une identité collective complexe et en constante transformation.

2 Pour un aperçu de mes travaux sur l'éducation interculturelle et l'éducation à la citoyenneté, voir Ouellet, 1988, 1991, 2002, 2004, 2005.
3 Premchand, 1996, 2000, 2006.

Adaptation des institutions à la diversité	Obstacles aux relations interculturelles. Racisme et antiracisme. Discrimination indirecte et accommodements raisonnables. Modèles d'insertion et d'intégration des immigrants dans les démocraties contemporaines.	Recherche d'accommodements raisonnables en cas de conflits de valeurs. Lutte contre la discrimination et le racisme.
Cohésion sociale (Recherche d'un principe d'appartenance collective)	Nation, communauté, État. Nationalisme et libéralisme. Citoyenneté.	Modération dans l'affirmation identitaire. Tolérance, réciprocité et recherche d'un *modus vivendi* en cas de conflit de valeurs.
Équité et égalité	Discrimination, exclusion et marginalisation. Racisme et antiracisme.	Solidarité avec les groupes opprimés
Participation critique à la vie et à la délibération démocratique	Démocratie délibérative et pluralisme axiologique.	Volonté de comprendre les grands enjeux de société qui touchent tous les citoyens. Volonté de participer aux délibérations politiques et au processus de décision dans les institutions.

		Volonté de coopérer d'une manière autonome et égalitaire avec les membres de la communauté politique. Engagement dans des actions qui contribuent à l'amélioration de la vie collective.
Préservation de la diversité biologique	Développement durable.	Respect pour l'environnement et recherche du développement durable.

D- DANGERS D'UNE INSISTANCE TROP EXCLUSIVE SUR L'UNE OU L'AUTRE DE CES PRÉOCCUPATIONS/VALEURS

« Effets pervers » des approches culturalistes/essentialistes :

Le confinement des individus dans une identité culturelle permanente et immuable qui les prive de la liberté de choisir leur « formule culturelle ».
Le renforcement des frontières entre les groupes et l'augmentation des risques d'intolérance (racisme, « communalisme »).
L'accentuation des difficultés d'accès à un bénéfice égal de la loi pour les immigrants et les membres des groupes minoritaires.
La perplexité du maître relativiste qui ne sait plus ce qu'il a le droit d'enseigner pour respecter la culture des élèves des minorités.
La stigmatisation et la marginalisation des élèves des minorités qu'on assigne à une identité socialement dévalorisée.

La réification et la folklorisation de la culture qui n'est plus une réalité vivante qui change selon les conditions de la société.
La fragmentation du curriculum sous l'impact des revendications particularistes.

Dangers d'une insistance trop exclusive sur la cohésion sociale

L'ethnocentrisme étroit.
Le nationalisme chauvin.
L'assimilationnisme jacobin.

Dangers liés à des conceptions de la démocratie qui n'accordent pas suffisamment de place au pluralisme axiologique

La tyrannie de la majorité.
Des limitations injustifiées de la sphère de la délibération : « raison publique » (Rawls), « principe de réciprocité » (Gutmann et Thompson), « réserve conversationnelle » (Ackerman).

Dangers d'une insistance trop exclusive sur l'égalité

Le renforcement des mouvements politiques de droite en réaction à la « menace » des mouvements de libération des groupes opprimés.
L'homogénéisation des différences culturelles et religieuses dans les idéologies de la gauche.

Depuis le début de ma retraite (2008), j'ai poursuivi mon projet de traduction des œuvres majeures de Premchand[4]. C'est à travers ses nouvelles, ses romans et particulièrement ses *Écrits* compilés par Amrit Rai (2018) que j'ai pu mesurer l'importance de Gandhi dans le mouvement pour l'indépendance de l'Inde.

Cette prise de conscience a été renforcée par la publication de deux ouvrages importants sur Gandhi (Guha, 2014, 2018). Dans une conférence prononcée le 23 octobre 2018 à l'Université

[4] Premchand, 2009, 2010, 2016, 2016a, 2019, 2020. 2022 ; Rai (2018).

Northeastern de Boston (Guha, 2018a), Guha identifie onze raisons permettant de comprendre pourquoi Gandhi est important encore aujourd'hui. Deux des raisons qu'il mentionne me paraissent justifier la traduction d'un livre sur la pensée économique de Gandhi publié il y a plus de quarante ans :

1. Il a donné à l'Inde et au monde un moyen de résister à l'injustice sans utiliser la violence.
2. Il était un environnementaliste prudent.

Dans cette conférence, Guha a cité une phrase importante de Gandhi sur les quatre piliers de l'indépendance de l'Inde :

> Lorsque la liberté viendra, lorsque l'indépendance viendra, l'indépendance reposera sur quatre piliers : la non-violence, l'harmonie des hindous et des musulmans, l'abolition de l'intouchabilité et l'autosuffisance économique.

Malheureusement, l'Inde n'a pas suivi cette voie. Depuis 2014, ce pays est gouverné par un parti (le BJP) qui a remporté les élections en mobilisant la majorité hindoue et en utilisant les appels à la haine contre les minorités musulmanes et chrétiennes et pour qui l'assassin de Gandhi est devenu un héros. Ce parti est dirigé par un président autocratique qui n'est pas intervenu pour empêcher les massacres de musulmans au Gujarat en 2002 et qui utilise habilement la religion hindoue pour se maintenir au pouvoir. Dans la deuxième conférence qu'il a prononcée à l'Université Northeastern, Guha (2018b) fournit des indications intéressantes sur les dangers qui menacent la démocratie en Inde.

Toutefois, même si la position de Gandhi sur la non-violence n'a pas été acceptée en Inde, le modèle économique fondé sur la collaboration et la non-violence qu'il proposait m'apparaît avoir une importance particulièrement grande pour le monde entier dans ce que Micheal Mann appelle « la nouvelle guerre pour le climat » (Mann, 2021). Il ne sera pas facile de gagner cette guerre. Les quelque cent pays qui se sont réunis à Glasgow en 2021 pour la COP 26[5] ont reconnu qu'il faudra réduire à zéro les

---

[5] Il faut noter deux absences notoires à cette conférence : la Russie et la Chine.

émissions des gaz à effet de serre d'ici 2050 si l'on veut éviter une catastrophe planétaire.

Cependant, comme l'indique clairement le dernier rapport du GIEC, il est urgent d'agir, car la plupart de ces pays sont engagés sur une voie qui ne permettra pas d'atteindre cette cible. Les émissions de gaz à effet de serre continuent d'augmenter depuis l'accord de Paris de 2015 où les pays s'étaient entendus pour ne pas dépasser la cible de 1.5 % d'augmentation en 2050. Selon les données de la science[6], il faudrait une réduction de 5 % par année des émissions de GES pour que cette cible soit atteinte.

Pour remporter la victoire dans la guerre pour le climat, il faudra une mobilisation des citoyens et des gouvernements de tous les pays. Cette mobilisation devra être aussi grande que celle qui a permis aux pays démocratiques de remporter la victoire sur le fascisme hitlérien en 1945. Il faudra également qu'une partie importante des budgets consacrés à l'armement soit dédiée aux mesures de réduction des émissions de gaz à effet de serre et au soutien des dizaines de millions de réfugiés climatiques que le réchauffement du climat a déjà forcés à se déplacer. Comme le démontrent clairement les chercheurs du GIEC dans leur dernier rapport, si des initiatives sérieuses pour réduire les émissions ne sont pas prises avant 2030 par tous les pays du monde, il sera trop tard pour éviter la catastrophe[7] :

---

[6] Le livre publié par Jean-Marc Jancovici en 2002 fournit une synthèse remarquable de ces données.

[7] Au moment où je rédigeais cette note en mars 2022, le monde était frappé par l'horreur d'une guerre en Ukraine provoquée par Poutine, un autocrate pour qui tous les moyens sont bons pour combattre la démocratie et redonner à la Russie la grandeur de l'URSS. En plus des crimes contre l'humanité et du génocide qu'il commet dans cette guerre, Poutine commet un crime contre l'écosystème, un « écocide » (Cabanes, 2016). Plus d'un an plus tard, cette guerre n'est pas encore terminée. Les troupes russes ont été forcées de reculer devant l'armée ukrainienne aidée par les pays démocratiques (Les États-Unis ont fourni une aide militaire d'environ dix milliards de dollars), mais la Russie continue de s'attaquer aux civils et aux infrastructures avec ses missiles et ses drones iraniens, plusieurs villes ont été complètement détruites, il y a des millions de réfugiés, des millions d'Ukrainiens doivent passer l'hiver sans électricité et dans le froid et il y a des risques d'une catastrophe nucléaire à Zaporijia.

Les termes utilisés dans ce document rédigé par 270 experts provenant de 67 pays donnent la mesure de l'urgence :

« L'augmentation des extrêmes météorologiques et climatiques a entraîné des effets irréversibles, puisque les systèmes naturels et humains sont poussés au-delà de leur capacité d'adaptation », peut-on lire dans le *Résumé à l'intention des décideurs*.
Dans ce contexte, « tout retard dans la réduction des émissions de gaz à effet de serre et dans l'adaptation aux impacts du réchauffement nous fera rater la brève fenêtre d'opportunité nous permettant d'assurer un futur viable pour nous tous et qui se referme rapidement », conclut le GIEC (Shield, 2022).

C'est ici que les idées de Gandhi sur la non-violence et l'économie collaborative m'apparaissent avoir une nouvelle pertinence.

Selon Mann, les industries et les pays qui ont apporté un appui financier considérable aux climatosceptiques ont maintenant changé de stratégie, car il n'est plus possible de nier la réalité du réchauffement du climat. Ils cherchent maintenant à empêcher la communauté des scientifiques et des militants de présenter un front uni dans le combat pour sauver la planète et ils tentent de détourner l'attention des solutions systémiques et des changements politiques en invitant les individus à modifier leur style de vie. Ils utilisent également une autre tactique : inciter au désespoir parce qu'il serait déjà trop tard pour sauver la planète.

L'élection d'un gouvernement démocrate aux États-Unis ouvre des possibilités pour que des actions sérieuses soient engagées dans les prochaines années afin de réduire à zéro les émissions de carbone en 2050. Mais, selon Mann, ces actions ne devraient pas remettre en question le système capitaliste comme le proposent plusieurs militants écologistes. Elles devraient plutôt s'inscrire dans l'économie de marché telle qu'elle fonctionne aujourd'hui. Il suffirait de s'assurer que l'industrie cesse d'émettre du carbone dans la fabrication des produits de consommation en imposant une taxe suffisamment élevée sur le carbone. Pour que les consommateurs acceptent l'augmentation des coûts liés à cette taxe, il faudrait que son produit soit redistribué aux consommateurs en tenant compte de leurs revenus.

Selon Laurent Mermet (2019), un chercheur français reconnu pour ses travaux sur les fondements de l'analyse stratégique de la gestion de l'environnement, des appels à l'action comme ceux de l'astrophysicien Aurélien Barrau (2020) et du philosophe Bruno Latour (2027, 2021) et les marches pour le climat en réponse aux appels pathétiques de Greta Thunberg risquent fort d'avoir les effets paralysants recherchés par les climatosceptiques. Mermet propose de remplacer l'« alarmisme bloquant » par un discours « d'encadrement et de soutien » aux différents acteurs engagés dans le combat pour sauver la planète. *Le plan de transformation de l'économie française* publié récemment (Jancovici et coll., 2022) est un exemple très intéressant de ce type de discours[8]. Si l'on veut avoir une chance de remporter la victoire dans la guerre pour le climat, il faudra que chaque pays développe un plan semblable des actions qui devront être posées par toutes les composantes de la société pour réussir à se passer des énergies fossiles en 2050[9].

Un des points importants soulignés par Mermet est qu'il faut éviter de traiter la question du changement climatique isolément, sans la mettre en relation un autre problème qui risque de rendre la planète inhabitable : la perte de la biodiversité. Toutefois, le discours d'encadrement et de soutien qu'il propose ne semble pas attacher d'importance à un problème fondamental qu'évoquait

---

[8] Ce plan insiste sur un point central de l'économie gandhienne : l'emploi. « La transformation de l'économie française met en jeu de l'énergie et de la matière. Mais elle concerne surtout des personnes et leur emploi, leur avenir et celui de leurs enfants » (Jancovici et coll., 2022, p. 163).

[9] Le plan de décroissance de l'économie française proposé par Jancovici et son équipe du Shift Project ne mentionne pas la question des dépenses militaires. On voit mal comment ce plan pourrait se réaliser sans une diminution de ces dépenses. C'est une question pour laquelle la pensée de Gandhi sur la non-violence et l'économie collaborative fournit des pistes de réflexion très intéressantes. L'étude d'Amritananda Das y consacre une longue annexe (Voir Annexe E). La guerre pour le climat ne pourra être gagnée si tous les pays de la planète décident de collaborer et s'entendent pour diminuer les dépenses militaires.

Gandhi en 1928 : l'épuisement des ressources de la planète[10]. Voici ce qu'il a écrit il y a 94 ans dans son journal *Young India* :

> Que Dieu nous protège de voir l'Inde adopter le modèle occidental pour son industrialisation. L'impérialisme économique d'un seul petit royaume insulaire, l'Angleterre, garde aujourd'hui (en 1928) le monde dans une cage. Si un pays de 300 millions s'engageait dans une exploitation similaire, il transformerait le monde en un désert (Guha, 2018a, Govindu, 2020).

Gandhi avait déjà compris que la croissance débridée et la consommation sans limites causeraient un désastre planétaire. Le dernier rapport du GIEC et les catastrophes climatiques des dernières années montrent que ce désastre qu'annonçait Gandhi est déjà une réalité pour plus d'un milliard d'habitants de la planète.

Le livre d'Amritananda Das présente le modèle de développement économique proposé par Gandhi comme une solution à préférer au modèle capitaliste et au modèle socialiste. Ce modèle est fondé sur la non-violence et la collaboration et il permet une remise en question du modèle productiviste (Latour, 2022) qui met en péril l'avenir des vivants sur la planète. Ce modèle gandhien m'apparaît échapper aux critiques de l'« alarmisme bloquant » et il pourrait apporter une contribution importante aux changements systémiques qu'il faudra apporter à l'économie mondiale pour éviter que la planète devienne inhabitable.

Remerciements

Pour réaliser cette traduction, j'ai eu la chance de pouvoir profiter de la précieuse collaboration de Mathieu Arès, économiste à l'École de politique appliquée de l'Université de Sherbrooke. Sans ses encouragements et son support, je ne me serais sans doute pas engagé dans ce projet. Il a fait une révision de la traduction qui a permis d'éliminer plusieurs erreurs et il a rédigé

---

[10] C'est le problème fondamental sur lequel Jean-Marc Jancovici (2002, 2022) n'a cessé d'insister dans tous ses travaux.

la préface. J'ai également une dette envers André Couture, professeur émérite à la Faculté de théologie et de sciences religieuses de l'Université Laval, qui a accepté de réviser cette traduction. Son expertise m'a grandement aidé à corriger plusieurs formulations trop proches de l'anglais et à éliminer plusieurs anglicismes. Je remercie également Alexandre Millette, étudiant au doctorat à l'École de politique appliquée de l'Université de Sherbrooke, qui a réalisé la mise en forme des tableaux et Denise Giguère, qui a fait une dernière relecture du manuscrit.

Références

Barrau, A. « Il faut absolument être alarmiste ». 29 juin 2020.
(https://www.nationalgeographic.fr/environnement/2020/06/aurelien-barrau-il-faut-absolument-etre-alarmiste).

Cabanes, V. (2016). *Un nouveau droit pour la Terre. Pour en finir avec l'écocide*. Paris, Seuil.

Govindu, V. M. (2020) *Hindustan Times,* New Delhi, 1er octobre 2020.
https://www.hindustantimes.com/india-news/a-gandhian-ideal-of-ecological-concern/story-3sgLgJaDgrXAOtigySoeVL.html

Guha, R. (2014). Gandhi before India. New York, Penguin Random House.

Guha, R. (2018). Gandhi : The Years That Changed the World, 1914-1948. New York, Penguin Random House.

Guha, R. (2018a). *« Why Gandhi Matters »*. Northwestern University, Boston. India Lecture Series.
(https://www.youtube.com/watch?v=UH3ea3wBAVQ).

Guha, R. (2018b). *« Five Fault Lines of Contemporary India ».* Northwestern University, Boston. India Lecture Series.
(https://www.youtube.com/watch?v=cfFbcQEOYzQ).

Jaffrelot, C. (2011). *Religion, Caste, and Politics in India.* London, C. Hurst & Co.

Jaffrelot, C. (2019). *L'Inde de Modi : national-populisme et démocratie ethnique*. Paris, Fayard : CERI.

Jancovici, J. M. (2002), *L'avenir climatique : quel temps ferons-nous ?* Paris, Seuil

Jancovici, J. M. et coll. (2022), *The Shift Project. Climat, crises : Le plan de transformation de l'économie française*, Paris, Odile Jacob.

Latour, B. (2017). *Où atterrir ? Comment s'orienter en politique.* Paris, La Découverte, coll. « Cahiers libres ».

Latour, B. (2021). *Où suis-je ? Leçons du confinement à l'usage des terrestres.* Paris, La Découverte.

Latour, B. (2022). Coécrit avec Nikolaj Schultz, *Memo sur la nouvelle classe écologique*, Paris, La découverte, coll. « Les empêcheurs de penser en rond ».

Mann, M. E. (2021), *The New Climate War: The Fight to Take Back Our Planet.* New York, PublicAffair.

Mermet L. avec Clément Fege (24 mars 2019). « Sauver la planète : pourquoi il est urgent de dépasser l'alarmisme bloquant ». Transcription et mise en forme du podcast par Adrastia.

https://www.youtube.com/watch?v=xjZuPdstCiw

Ouellet, F. (1985). *L'étude des religions dans les écoles : l'expérience américaine, anglaise et canadienne*. Éditions SR, Waterloo, Wilfrid Laurier University Press.

Ouellet, F. (1988). *Pluralisme et école. Jalons pour une approche critique de l'éducation interculturelle*, F. Ouellet, dir, Québec, Éditions de l'IQRC.

Ouellet, F. (1991). *L'éducation interculturelle. Essai sur le contenu de la formation des maîtres*. Paris, L'Harmattan.

Ouellet, F. (1997). En collaboration avec M. Milot, dir. *Religion, éducation et démocratie. Un enseignement culturel de la religion est-il possible ?* Montréal, Harmattan.

Ouellet, F. (2002). *Les défis du pluralisme en éducation. Essais sur la formation interculturelle,* Québec, Presses de l'Université Laval/Paris, L'Harmattan.

Ouellet, F. (2004). *Quelle formation pour l'éducation à la citoyenneté* ? Québec, Presses de l'Université Laval.

Ouellet, F. (2005). *Quelle formation pour l'éducation à la religion* ? Québec, Presses de l'Université Laval.

Ouellet, F. dir. (2019). *Premchand en français*. Actes du colloque tenu en mars 2017 au Centre d'études du religieux contemporain, Faculté de droit, Université de Sherbrooke. Paris, L'Harmattan.

Premchand (1996). *Deux amies et autres nouvelles* (traduction Fernand Ouellet, avec la collaboration d'André Couture). Paris, L'Harmattan.

Premchand (2000). *Délivrance* (traduction Fernand Ouellet, avec la collaboration d'André Couture et de Kiran Chaudhry). Paris, L'Harmattan.

Premchand (2006). *Godan. Le don d'une vache*. (Traduction Fernand Ouellet, avec la collaboration d'André Couture et de Kiran Chaudhry). Paris, L'Harmattan.

Premchand (2009). *La marche vers la liberté*. (Traduction Fernand Ouellet, avec la collaboration d'André Couture, Richard Giguère et Kiran Chaudhry). Paris, L'Harmattan.

Premchand (2010). *Rangbhûmi. Le théâtre des héros*. (Traduction Fernand Ouellet, avec la collaboration d'André Couture, Richard Giguère et Kiran Chaudhry). Paris, L'Harmattan.

Premchand (2016). *Les joueurs d'échecs et autres nouvelles*. (Traduction Fernand Ouellet, avec la collaboration d'André Couture, Claudia Nadeau-Morissette, Richard Giguère et Kiran Chaudhry). New Delhi, Langers.

Premchand (2016a). *Gaban. Détournement de fonds*. (Traduction Fernand Ouellet, avec la collaboration d'André Couture, Richard Giguère et Kiran Chaudhry). New Delhi, Langers.

Premchand (2022). *L'ashram de l'amour*. (Traduction Fernand Ouellet avec la collaboration d'André Couture et de Kiran Chaudhry). Paris, L'Harmattan.

Premchand (2020). *Le grand pèlerinage et autres nouvelles* (Traduction Fernand Ouellet avec la collaboration d'André Couture, Richard Giguère et Kiran Chaudhry). Paris, L'Harmattan.

Rai, A. (Éd.) (2018). *Les écrits de Premchand.* Volume I : *La politique nationale et internationale.* Volume II : *Société, culture et littérature*. (*Vividh Prasang,* Hansa Prakashan Allahabad, 1962). (Traduction Fernand Ouellet, avec la collaboration de Serge Granger, André Couture, Richard Giguère et Kiran Chaudhry). Paris, L'Harmatan.

Shields, A. (2022). « La fenêtre d'un avenir viable » se referme, prévient le GIEC », *Le Devoir*, 28 février 2022.

https://www.ledevoir.com/societe/environnement/680406/la-fenetre-d-un-avenir-viable-se-referme-previent-le-giec)

Fernand Ouellet,
Centre d'étude du religieux contemporain
Faculté de droit
Université de Sherbrooke.

REMARQUES D'INTRODUCTION

Jusqu'à récemment, la modernisation technologique et la croissance économique rapide étaient considérées comme des priorités fondamentales dans l'élaboration de la politique économique des nations pauvres. Aujourd'hui, cet enthousiasme a été refroidi par de nombreuses constatations. Il est devenu clair que la pauvreté de masse dans les nations technologiquement arriérées n'est pas nécessairement réduite par la croissance économique et la modernisation.

Une modernisation technique irréfléchie peut rendre plus difficile la réduction de la pauvreté. La modernisation peut augmenter trop rapidement les besoins de capital par travailleur dans le contexte des ressources limitées que les nations pauvres peuvent investir. L'urbanisation, une conséquence de l'industrialisation moderne, peut amener les nations pauvres à devoir supporter un fardeau de construction d'infrastructures beaucoup trop lourd. Enfin, l'adoption irréfléchie des techniques modernes peut entraîner des dangers sérieux de détérioration de l'environnement et de déséquilibre écologique.

La prise de conscience de tous ces risques a stimulé la recherche d'un modèle de développement économique différent du modèle moderne. Ce modèle devrait permettre aux nations pauvres d'atteindre deux buts : résoudre leurs problèmes de pauvreté de masse et, en même temps, éviter les coûts de la croissance économique moderne.

Longtemps avant qu'on ait reconnu le besoin d'une solution de remplacement à la croissance économique moderne, la perception intuitive qu'avait Gandhi des réalités économiques l'avait conduit à anticiper en totalité la remise en question contemporaine de la croissance économique. Il a donc consacré l'essentiel de sa pensée économique à l'élaboration d'un programme de reconstruction économique pour les nations pauvres censé leur éviter les problèmes causés par une modernisation insuffisamment réfléchie.

Il est donc naturel que la recherche contemporaine d'une solution de remplacement aux stratégies orthodoxes de développement ait généré un intérêt renouvelé et sérieux pour la pensée économique de Gandhi.

Malheureusement, les programmes spécifiques de reconstruction de Gandhi ne sont pas très utiles dans le monde contemporain. Son fameux *Constructive Programme* en dix-huit points est une série de suggestions aux employés d'agences non officielles et il a peu de pertinence en ce qui concerne les questions de stratégie de développement. C'est pourquoi l'application de l'économie gandhienne à l'élaboration de politique pour résoudre les problèmes de développement implique qu'on ne se limite pas aux programmes concrets proposés par Gandhi, mais qu'on découvre les fondements analytiques sur lesquels ils étaient fondés. C'est seulement ainsi qu'on peut espérer pouvoir déduire rationnellement la façon dont on peut s'attaquer aux problèmes contemporains en s'appuyant sur des fondements gandhiens.

Une telle approche exigera deux choses. Premièrement, elle exigera que l'on fasse un choix. À l'intérieur de l'ensemble des propos de Gandhi sur les questions économiques, nous devrons choisir seulement ceux qui portent sur les questions de stratégies de développement. Deuxièmement, il faudra les réinterpréter. Les concepts et les analyses de Gandhi devront être traduits dans le vocabulaire des analyses contemporaines du développement et mis en relation avec le cadre conceptuel analytique des théories modernes de la planification du développement.

Naturellement, le résultat de cette réinterprétation ressemblera fort peu au salmigondis éthico-religieux que l'on présente habituellement comme l'économie gandhienne. Cependant, si nous voulons utiliser Gandhi comme un guide pouvant servir à la planification contemporaine du développement, il est nécessaire de s'engager dans cette réinterprétation de la signification de la pensée économique gandhienne.

Telle est, en tout cas, l'approche du présent livre. Nous espérons qu'une telle approche démystifiée de l'économie gandhienne fournira une série d'intuitions intéressantes et éclairantes sur les problèmes des politiques de développement des nations pauvres.

Il sera également démontré que ces intuitions peuvent s'intégrer à une approche générale de la planification du développement qui, à maints égards, est plus pratique et plus juste que les méthodologies orthodoxes actuelles.

Comme toute aventure dans un territoire encore largement inexploré, il est inévitable que la présente tentative de réinterprétation scientifique de la pensée économique gandhienne soit encore loin de la perfection. Nous espérons néanmoins qu'elle aidera à stimuler l'intérêt pour l'étude scientifique de la pensée économique gandhienne et pour les possibilités d'une application créative des intuitions de Gandhi à la planification contemporaine du développement. Si tel est le cas, l'effort exigé pour la production du présent travail aura été amplement récompensé.

CHAPITRE I.
LA PAUVRETÉ ET LES LIMITES DE LA MODERNISATION

> La modernisation est censée pouvoir nous guérir de la pauvreté. Il en serait ainsi si nous avions réussi à nous moderniser. Cependant, tenter de nous moderniser dans une situation où cette modernisation reste inaccessible aux masses est la voie vers la pauvreté […]. Je veux être clair. L'Inde n'a pas suffisamment d'argent pour employer tout le monde dans la technologie moderne. Alors, quelle est solution de remplacement[1] ?
>
> Dans cinquante ans, grâce à la technologie moderne, il sera peut-être possible de fournir de l'emploi à tout le monde. Mais nous devons fournir de l'emploi pour tout le monde longtemps avant cela. Nous ne pouvons le faire qu'en renonçant à l'engouement pour la modernité qui crée aujourd'hui le chômage et la pauvreté[2].

Nous avons l'habitude de croire que la pauvreté généralisée que l'on peut observer dans les économies moins développées est le reflet de la modernisation inadéquate de ces systèmes économiques. Gandhi affirmait au contraire que la pauvreté croissante des économies arriérées était le résultat direct du fait que l'on a recours de manière excessive et irréfléchie à la modernisation technique[3]. La mise en évidence de ce paradoxe surprenant fournit une clé pour comprendre correctement les fondements analytiques de la stratégie gandhienne de reconstruction des nations pauvres.

---

[1] M. K. Gandhi. « Alternative to Poverty », *Young India,* 3-9, 1924. — Les livres et les articles pour lesquels il a été possible de trouver l'auteur, le titre, le lieu de publication et la maison d'édition ont été regroupés dans la section « Références ». Ceux pour lesquels il n'a pas été possible de trouver l'une ou l'autre de ces informations ont été conservés dans les notes de bas de page (NdT).

[2] M. K.Gandhi, « Craze for Modernisation », *Harijan,* 3-7, 1947.

[3] *Young India*, 7-10, 1926.

1. Une modernisation qui produit de la misère

Quelle est la vitesse maximale à laquelle une économie peut parvenir à se moderniser ? La limite supérieure de cette vitesse dépend d'une relation simple entre deux quantités : l'augmentation de la population en âge de travailler et le volume des investissements que le système économique est capable de mobiliser. La première vitesse divisée par la seconde donne le nombre de nouveaux emplois que le système économique doit créer par unité de fonds investis. Si l'on crée moins d'emplois, le chômage augmentera inévitablement[4]. Dans le langage technique utilisé par les économistes de la croissance, on aboutit à la formule suivante : le ratio entre l'accroissement actuel de la force de travail et les fonds d'investissement disponibles détermine une limite inférieure de l'accroissement du ratio emploi/capital avec lequel le système économique peut se permettre d'opérer[5]. Le réel accroissement de la relation emploi-capital pour la période présente est déterminé par la combinaison d'activités dans lesquelles s'incarne l'investissement courant. Il faut se rappeler que dans les économies pauvres les investissements qui touchent le secteur des activités technologiques modernes ont tendance à afficher une hausse beaucoup plus faible du « ratio emploi/capital » que les investissements dans le secteur des activités technologiques traditionnelles[6]. Plus l'on choisit de privilégier la modernisation technique, plus le poids des activités technologiques modernes est grand dans la combinaison d'investissements et plus bas sont les ratios production-capital et emploi-capital pour l'économie dans son ensemble.

Si l'on est réaliste et que l'on suppose que la force de travail dans l'économie de la plupart des pays pauvres est plus grande que la quantité d'investissements disponibles, on peut voir comment le

---

[4] Le chômage est aussi affecté par le degré d'utilisation du capital-actions. Le type de chômage évoqué ici est le « chômage structurel ». Pour une définition du chômage structurel, voir Robinson (1956).

[5] L'augmentation du ratio emploi-capital est l'accroissement de l'emploi causé par une augmentation donnée du capital-actions divisé par l'augmentation du capital-actions. Il est postulé que tout le capital sera utilisé.

[6] La différence dans les ratios sectoriels d'accroissement emploi-capital et leur signification économique sont discutées dans Chenery (1965).

fait de trop privilégier la modernisation technique peut devenir un danger. Soyons plus concrets. Si l'on postule que la totalité des ressources qu'il est possible d'investir est quasi insuffisante au sens qu'elle serait insuffisante à créer un nombre adéquat de nouveaux emplois si l'on investit exclusivement dans les activités technologiques modernes (un secteur où il faut un nombre de nouveaux emplois égal ou supérieur à l'accroissement actuel de la force de travail), on doit aussi dire que ces ressources seraient en fait amplement suffisantes pour couvrir l'accroissement de la force de travail si elles étaient utilisées exclusivement dans les techniques traditionnelles de production. Cette hypothèse de la quasi-insuffisance des fonds d'investissement est analytiquement critique pour la validité de l'approche gandhienne. Toutes les données disponibles indiquent que cette hypothèse est valide pour la plupart des économies pauvres[7].

Étant donné la quasi-insuffisance des fonds d'investissement, il y a une limite aux investissements qu'un pays peut faire dans les activités technologiques modernes. L'accroissement du chômage structurel dans l'économie de la plupart des pays sous-développés est une preuve indirecte, mais claire qu'ils dépassent la limite des investissements dans le secteur moderne que leur système économique peut soutenir[8].

Dans de telles circonstances, la modernisation devient un processus qui produit de la misère et non de l'abondance. La croissance du chômage structurel entraîne certains processus dégénératifs qui alourdissent inévitablement le poids de la pauvreté de masse. Une des contributions les plus importantes de Gandhi à l'analyse des problèmes du développement est sa description et ses analyses théoriques de ces processus dégénératifs (Das, 1966).

---

[7] Pour des données pertinentes, voir *Economic Commission for Latin America, Annual Survey*, 1975 ; voir aussi Maung (1976).

[8] Pour des données sur le chômage croissant dans les économies pauvres, voir *Economic Commission for Latin America, Annual Survey*, 1975.

2. La dynamique de la pauvreté de masse

Avant Gandhi, la plupart des analystes et des commentateurs des économies coloniales (Das, 1970) n'avaient pas réussi à comprendre la pertinence du chômage technologique dans le problème de la pauvreté. Bien sûr, la réalité inévitable de la destruction du secteur traditionnel de l'artisanat et la misère que cette destruction a entraînée n'a pas échappé à leur attention, mais ils ont tous négligé le phénomène et l'ont considéré comme un produit inévitable et passager de la modernisation technique. Même un esprit aussi perspicace que Karl Marx[9] est tombé dans ce piège.

Selon les conceptions de ces analystes, le processus par lequel les économies « avancent » comprend trois sous-processus de transformation : (a) le remplacement des activités traditionnelles à forte densité de main-d'œuvre par des activités à forte densité de capital, (b) le remplacement des systèmes d'échanges limités de regroupements ruraux [*rural clusters*] par des systèmes d'échange de larges marchés de type capitaliste (Barnowsky, 1967) et (c) le remplacement des modèles d'habitation rurale dispersée par des modèles d'habitation urbaine concentrée[10]. Comme ces processus étaient essentiels à la croissance des forces modernes de production, il fallait les accueillir même s'ils pouvaient conduire (temporairement) à différentes formes de dislocation, de déplacement et de misère.

L'erreur fondamentale des points de vue décrits ci-dessus est de confondre *conséquences* et *causes*. Même si l'on reconnaît que les trois processus de transformation apparaissent inévitablement lorsqu'un système économique entreprend avec succès un processus de croissance et de modernisation, il ne s'ensuit pas que leur apparition soit bienvenue dans l'économie d'un pays pauvre. Au contraire, ces trois processus peuvent apparaître

---

[9] Karl Marx, *Capital,* Volume I, Chapter 32, « Historical Tendency of Capitalistic Accumulation ».
https://www.marxists.org/archive/marx/works/1867-c1/ch32.htm

[10] Sur « l'urbanisation », l'étude la plus récente reliée aux économies sous-développées est J. H. Beoke, *Cities in a Dual Economy*, Holland, 1904.

comme faisant partie d'un processus de changement qui produit autant de misère que d'abondance.

Comme Gandhi l'a perçu, le point critique est de savoir si le système économique s'en va vers une plus grande ou une moins grande utilisation de la force de travail[11]. Dans le premier cas, un accroissement de la densité de capital dans les processus de production serait une réponse naturelle à la croissance continue du taux de l'accumulation du capital par rapport au taux de croissance de la force de travail et il serait accompagné par un accroissement des salaires de l'ensemble de la force de travail. L'urbanisation serait un processus *pull-dominated*[12], les travailleurs se déplaçant vers les villes en réponse à une expansion rapide de la demande de main-d'œuvre qui se produiraient dans des « pôles de croissance[13] ». Enfin, l'expansion du marché capitaliste se produirait sur la base d'une augmentation des niveaux de revenus par personne et de la consommation des masses (Rostow, 1959).

Dans le second cas, les caractéristiques de tous ces processus changent fondamentalement. Le poids croissant des activités à forte densité de capital ne reflète pas un véritable manque de main-d'œuvre qu'il chercherait à corriger. Il reflète plutôt la stagnation et la désintégration du secteur traditionnel, accompagnées de progrès tout à fait négligeables du secteur moderne. Ainsi, même si les salaires augmentent dans les occupations du secteur moderne, le revenu moyen des travailleurs ne s'accroît pas. Il s'érode lentement mais sûrement avec l'augmentation du chômage structurel. Le processus d'urbanisation ne reflète pas un facteur *pull*, mais un facteur *push*. Ce qui conduit les travailleurs vers les villes, c'est l'insuffisance croissante des bases traditionnelles de l'emploi dans le secteur rural par rapport à

[11] M. K. Gandhi, *Young India*, 6-8, 1925.

[12] L'urbanisation peut être considérée comme une innovation dont l'impulsion provient du marché qui crée une traction (*pull*) sur les travailleurs, mais elle peut être aussi considérée comme une innovation dont l'impulsion provient en particulier des opportunités de la technologie qui pousse (*push*) les travailleurs vers les villes (NdT).

[13] Pour une analyse pionnière de la distinction entre l'urbanisation « pull-dominated » versus « push-dominated », voir Conrad (1962).

l'augmentation croissante du nombre des chômeurs structurels. En conséquence, la « croissance » des villes reflète des processus pathologiques déconnectés de leur véritable potentiel comme « pôles » de croissance. Enfin, les systèmes de marketing rural se désintègrent parce que le pouvoir d'achat rural s'est désintégré et le système capitaliste du marché ne peut pas réaliser son potentiel à cause de la perte du réel pouvoir de consommer des familles de la classe ouvrière (Das, Winter 1966).

Dans un tel contexte, il devient impératif d'insister sur le fait que ni la modernisation, ni l'urbanisation, ni l'extension des relations de production capitalistes ne contribuent réellement au bien-être des gens. Avant de chercher à améliorer les conditions de vie des masses, il faut s'attaquer au chômage structurel. Les ressources qu'il est possible d'investir étant limitées, c'est seulement en revitalisant les professions à forte densité de main-d'œuvre du secteur traditionnel que le chômage structurel croissant peut être arrêté. C'est le *noyau* de la pensée économique de Gandhi, l'intuition analytique fondamentale dont on peut déduire le reste de sa pensée économique comme une série de déductions à partir de cette hypothèse fondamentale.

3. Le mythe du contrôle de la population

Il faut se rappeler que la raison *fondamentale* du chômage structurel croissant est que les ressources d'investissement sont insuffisantes (à la densité dominante en capital des investissements courants) pour couvrir l'augmentation actuelle de la population en âge de travailler. Cela crée l'impression fausse et analytiquement malsaine[14] que c'est la *croissance* excessive de la *population* qui est en faute et non la trop grande densité de capital des investissements courants. C'est ainsi que naît l'idéologie qui conduit à tenter de guérir la pauvreté par le contrôle de la population.

---

[14] « La population » est une variable extrêmement difficile à introduire d'une manière analytiquement fiable dans les modèles de croissance. Pour des traitements fiables de la question de la population voir Haavelmo (1954) et Jorgenson (1961).

Pour saisir le manque complet de pertinence du contrôle de la population pour résoudre le problème qui nous occupe, il suffit de noter deux faits. Premièrement, une réduction du taux de croissance de la population ne fera pas la moindre différence pour le présent taux de croissance de la force de travail. C'est le rythme passé de croissance de la population qui détermine à l'avance ce taux de croissance et l'impact des programmes de contrôle de la population qu'on pourra mettre en place ne pourra le modifier avant 15 ou 20 ans.

Même comme mesure à long terme, le contrôle de la population ne peut être un remède à la pauvreté, car le succès des programmes de contrôle de la population suppose lui-même la réussite des mesures prises pour contrôler le chômage structurel. C'est seulement lorsque la population cible jouit d'une base occupationnelle régulière et peut se permettre d'avoir des projets à long terme que les programmes de contrôle de la population réussissent à faire baisser le taux des naissances (Lucienne et Jaris, 1974). Les gens qui vivent au jour le jour n'ont pas la capacité de développer la prudence qui est la clé d'une limitation volontaire de la taille de la famille. Avec l'accroissement du chômage structurel, il n'y a pas de base pour que les programmes de contrôle de la population puissent réussir chez ceux qui en ont le plus besoin.

De plus, en ce qui concerne les pauvres, il est probable que le chômage structurel croissant affectera défavorablement certains facteurs sociologiques étroitement associés à la réussite des programmes de réduction du taux des naissances : la participation accrue des femmes à la force de travail, l'éducation des femmes, l'amélioration des habitudes d'épargne des familles, l'augmentation du niveau de dépenses pour l'éducation des enfants, etc. (Lucienne et Jaris, 1974).

On peut donc conclure qu'une situation de chômage structurel fournit les conditions les plus défavorables qu'on puisse imaginer pour le succès des programmes de contrôle de la population. Lorsqu'on leur souligne ce fait, les défenseurs du contrôle de la population se rabattent sur un remède ultime : le contrôle

« forcé » de la population. Un tel programme, qui doit nécessairement apparaître aux pauvres comme un acte de violence sociale, entraîne des réactions politiques d'une sévérité extrême. S'il y a un cas où le remède est pire que le mal, l'idée du « contrôle forcé de la population » serait sans doute la première à se qualifier.

Tout ce qui a été dit plus haut n'implique pas que les programmes de contrôle de la population n'ont pas un rôle à jouer comme composante d'un programme de bien-être social multiforme à l'intention des familles pauvres. Ce que nous ne devons pas oublier c'est ce qui doit être la *priorité* : des mesures pour revitaliser le secteur à forte densité de main-d'œuvre et pour renverser le processus du chômage structurel croissant. Le contrôle de la population n'est pas une solution de remplacement à de telles politiques.

Ainsi, même si nous pouvons déplorer les attaques véhémentes de Gandhi contre tout le concept de limitation artificielle des naissances (Gandhi, 1959), nous ne pouvons pas nous empêcher de sympathiser avec son incapacité à tolérer une idéologie qui prétend guérir la pauvreté par la régulation des naissances. Cette idéologie est un mythe dangereux et débilitant qui mérite toutes les attaques dont elle peut être l'objet.

4. L'illusion de l'accumulation accélérée de capital

L'autre approche populaire, mais malsaine, pour guérir le chômage structurel croissant est de le faire par une accélération du taux d'investissement. Même si elle est supérieure à l'approche du « contrôle de la population » en posant le problème en des termes réalistes, elle ne constitue pas une solution adéquate.

Encore une fois, on ne peut pas faire grand-chose immédiatement concernant le niveau d'investissement. Alors, le problème est de savoir comment augmenter rapidement la capacité de l'économie en comparaison de la croissance de la population pour que le problème de l'insuffisance des ressources qu'il est possible d'investir disparaisse en une période relativement courte. C'est la base de la stratégie de l'accélération des investissements.

La première version (Rostow, 1959; Hirschman, 1958) de cette stratégie (qui identifie la croissance du « capital » à des économies monétaires mesurées au prix annuel constant) conduit à une stratégie de *limitation des salaires*. Comme cette stratégie implique une augmentation rapide des économies monétaires, on en tire inévitablement la conclusion que l'accumulation accélérée du capital exige un déplacement des revenus des travailleurs vers les capitalistes, car les travailleurs peuvent sauver une plus petite proportion de leurs revenus que les capitalistes.

La seconde version (Dobb, 1960; Chenery,1965) de la stratégie (qui identifie le « capital » à la production des moyens de production) conduit à ce qu'on a appelé la stratégie de l'investissement intensif dans la production de biens d'équipement. L'idée est que plus la part des activités de production de biens d'équipement est grande dans la combinaison d'investissements, plus augmente la capacité d'investir. C'est la version préférée des « socialistes » avec un penchant marxiste.

Malheureusement, les deux versions ne sont pas réellement distinctes : on dirait qu'elles ne sont que les deux faces d'une même pièce de monnaie[15]. À moins d'une inflation galopante, la stratégie des biens d'équipement exige une politique stricte de restriction du pouvoir des salariés de dépenser leur revenu pour des biens de consommation. Il devient intéressant de constater que, peu importe l'idéologie, les conséquences pour une stratégie d'accumulation forcée de capital sont à peu près les mêmes. Cela signifie enlever aux pauvres (qui sont inévitablement les premiers touchés par une politique de restriction de la consommation dans un pays pauvre) et mettre les profits entre les mains de ceux qui contrôlent les moyens de production pour leur permettre d'accumuler plus rapidement : les capitalistes, les fonctionnaires de l'État ou une combinaison des deux. Si cela constitue l'essence de l'exploitation capitaliste, comme le disent les marxistes, l'exploitation est également lourde lorsqu'elle est faite sous la bannière d'un État socialiste[16].

---

[15] On peut voir cela en introduisant le concept d'équilibre entre l'offre et la demande de biens d'équipement. Voir Domar (1957).

[16] K. Marx, *Capital,* Volume I, Chap. 15, Section. 6.

Dans les deux cas, on trouve à la base de cette attitude d'exploitation la même pernicieuse théorie d'une éventuelle « récompense » – qui a été la principale cible de l'attaque de Marx[17] contre les doctrines de l'apologétique bourgeoise – selon laquelle la classe ouvrière sera largement récompensée, plus tard, pour la somme des surplus de valeur qui leur sont extirpés par ceux qui contrôlent actuellement les moyens de production.

5. Le principe de l'effet immédiat

Même si on le débarrasse de ses traits idéologiques discutables et qu'on l'interprète comme un simple truisme d'allocation intemporelle des ressources, l'approche de l'accumulation accélérée échoue parce qu'elle ne réussit pas à anticiper convenablement le futur immédiat. En promettant de larges bénéfices dans le futur, elle oublie que ces gains ne pourront se réaliser que si, et seulement si, le futur immédiat n'apporte pas de distorsions qui feront dérailler le plan à long terme.

Dès qu'on soulève ce problème, on comprend immédiatement la raison pour laquelle la stratégie de l'accumulation accélérée n'a pas donné de résultats satisfaisants dans les économies *pauvres*. Une telle stratégie entraîne en effet trois conséquences :

1) une augmentation du degré de densité de capital de la production, ce qui implique un taux accéléré d'augmentation du chômage structurel ;
2) une intensification de la négligence de l'agriculture, car celle-ci ne produit malheureusement pas de machines ;
3) une négligence des besoins d'investissement dans les industries qui pourraient fournir de l'emploi rural dans des domaines autres que l'agriculture.

Ce que cette stratégie réussit à réaliser, c'est donc une surcapacité dans les industries de biens d'équipement et un vaste réservoir de pauvreté et de chômage dans les régions rurales. La capacité de produire des biens d'équipement est bâtie pour un système industriel qui *n'est pas* là. L'économie arrive alors à un point où

[17] *Ibid.*

une grande capacité de production industrielle de biens d'équipement se retrouve devant une mer de pauvreté rurale.

Le secteur rural ne peut pas absorber les « biens d'équipement ». Le secteur de la consommation de biens ne peut pas prendre d'expansion parce qu'il n'y a pas de « marché » adéquat, pendant que la vaste majorité de la force de travail bloquée dans un secteur rural arriéré et pauvre.

C'est la situation que l'économie soviétique russe[18] a tenté de surmonter depuis la fin des années cinquante, quand la grande poussée stalinienne d'accumulation accélérée du capital a fini par s'essouffler. C'est également la situation où l'économie indienne est presque rendue[19], mais à un moindre degré. Dans les deux cas, la solution est la même : le développement d'industries rurales dispersées, mais nombreuses, qui pourraient à la fois alléger le fardeau du chômage agraire et fournir un élargissement de l'offre de produits de consommation.

6. Aucune solution de remplacement

Nous avons commencé en notant que le problème fondamental du développement économique dans les nations pauvres avait son origine dans la contradiction entre trois variables : (a) un *bas* niveau de ressources à investir ; (b) une augmentation relativement forte de la force de travail disponible (c) des investissements de capital à haute densité inappropriés en considération de (a) et (b). La discussion des sections 4 et 5 ci-dessus indique que les stratégies basées sur une altération du facteur (a) ou (b) ont peu de chance de donner des résultats satisfaisants. Nous sommes donc forcés de revenir à l'idée gandhienne fondamentale : diminuer la densité de capital des investissements courants.

Donc, selon nous, en matière d'analyse théorique, il n'y a pas de solution de remplacement autre que celle d'accepter l'idée gandhienne fondamentale d'une redirection du flux des investissements de manière à entraîner la revitalisation nécessaire du secteur

---

[18] A. Das, « Interpreting Libermamism », *Quest*, 1966.
[19] Indian Renaissance Institute, 1977.

traditionnel de la base de l'emploi. Cela ne veut pas dire que nous devrions accepter sans critiques et sans modifications tout ce que Gandhi a suggéré comme mesures pratiques pour atteindre cet idéal. Nous devrions plutôt tenter de voir quelle serait la manière la plus appropriée de développer les intuitions gandhiennes fondamentales dans le cadre d'une stratégie de développement pour les économies pauvres dans la situation historique actuelle. Pour y arriver, il serait sans doute essentiel de faire une étude respectueuse du programme d'action qu'il a suggéré. La logique et les faits, plutôt que la tradition, doivent être notre guide ultime.

CHAPITRE II. UNE THÉORIE GANDHIENNE DE LA PLANIFICATION DE L'INVESTISSEMENT

Nous avons vu que la base de la théorie du développement de Gandhi est d'accroître le poids des activités à haute densité de travail dans la combinaison d'investissements afin de réduire le chômage structurel. Le second pas, dans les conditions contemporaines, est de voir comment cette idée peut être intégrée à une théorie des allocations d'investissements dans le cadre de la planification du développement. Le gandhisme classique n'a pas réussi à appréhender le problème de la mise en pratique de la théorie économique gandhienne. C'était compréhensible, car les « théories de la planification de l'investissement » n'avaient pas beaucoup de pertinence dans le contexte politique de la lutte pour se libérer d'une puissance impérialiste. Dans un tel contexte, l'idéologie économique se concentrait inévitablement sur ce qui peut être fait dans les environnements de niveau micro par des associations volontaires d'activistes politiques. En conséquence, plutôt que de développer une théorie de la planification au niveau national, Gandhi a développé une théorie du « travail constructif » au niveau local.

Cependant, dans l'ère postindépendance, l'échec des gandhiens à développer une théorie adéquate de la planification de l'investissement a condamné leur approche à la non-pertinence pratique. Comme le contrôle de la planification de l'investissement était passé aux mains des idéologues de « l'accélération de l'investissement », la tendance du développement économique était condamnée à rester fondamentalement non gandhienne.

De temps en temps, on a tenté de développer des « plans gandhiens[1] », mais malheureusement on s'est contenté de tenter de

[1] Shreeman Narayan, *Gandhian Plan,* 1956.

faire entrer le programme constructif gandhien dans le cadre de la planification économique. Aucune tentative n'a été faite pour développer une logique cohérente de planification de l'investissement qui incarnerait les intuitions de Gandhi sur les problèmes de développement des nations pauvres.

Dans ce chapitre, nous présenterons notre version de la logique gandhienne de la planification de l'investissement. Les économistes professionnels intéressés par (a) le modèle mathématique sous-jacent à la logique présentée dans le texte et/ou (b) par la procédure d'opérationnalisation de cette logique dans un « plan » concret sont renvoyés aux annexes A et B. Dans l'intérêt des lecteurs non spécialistes, le présent chapitre se contente d'expliquer en mots l'essentiel des arguments présentés ici.

1. La cible actuelle de l'emploi

Puisque la priorité est de commencer à réduire le chômage structurel avec effet immédiat, la cible de la création de nouvelles opportunités d'emploi et de travail autonome doit dépasser l'accroissement actuel de la force de travail. Plus précisément, l'accroissement de la demande en intrants de travail dans l'économie doit dépasser la capacité de l'économie de fournir des intrants de travail. La raison de cette reformulation est la suivante : dans des systèmes économiques avec de lourds arriérés de chômage structurel, il est impossible d'identifier « l'emploi » de nouveaux travailleurs à un véritable accroissement du nombre d'emplois intéressants au-dessus du niveau de pauvreté[2]. Par contre, tant la capacité de l'économie de générer de la main-d'œuvre que la demande de main-d'œuvre sont quantifiables en principe, et on peut les mesurer d'une manière grossière, mais suffisamment précise en pratique[3].

---

[2] Voir Myrdal (1968), Vol. III. Appendix 13.

[3] Cela impliquera un dénombrement continu approprié des stocks d'équipement industriel, des terres en culture et du volume des récoltes. Cela n'est pas impossible sur une base de planification régionale. Voir ci-dessous, Chapitre VI.

Le problème est alors de réduire l'écart entre la demande totale de main-d'œuvre et la capacité d'en fournir. Le problème opérationnel de la planification est de quantifier le niveau qu'il faut viser pour réduire cet écart au cours de la période *courante*[4]. Évidemment, cette réduction peut en principe être maximisée en consacrant la totalité du fonds d'investissement à des activités à forte densité de main-d'œuvre. Cependant, une telle allocation des ressources n'est ni viable ni désirable en pratique. Le planificateur doit tenir compte du nombre des contraintes à l'intérieur desquelles il travaille et dont les effets se combinent, de façon à fixer une limite au poids que l'on peut accorder aux activités à forte densité de main-d'œuvre dans la combinaison d'investissements. La décision politique gandhienne peut ainsi être interprétée comme une décision d'atteindre le *poids maximum réalisable* d'activités à forte densité de main-d'œuvre dans la combinaison d'investissements[5].

2. Une provision minimale pour le futur

C'est un fait opérationnel que le planificateur ne peut planifier que pour la période en cours[6]. Son plan pour la période suivante dépend du résultat de son activité de mise en œuvre du plan pendant la période en cours et il est soumis à de nombreuses incertitudes.

L'idéal de la planification et de l'adhésion à un modèle « d'allocations optimalement planifiées dans le temps » est évidemment chimérique (Sen, 1970). La prévoyance n'est jamais suffisamment fiable pour les exercices de planification qui s'étendent sur plusieurs périodes.

Néanmoins, en planifiant les allocations de ressources pour la période en cours, le planificateur est obligé de faire un minimum

---

[4] La planification gandhienne ne porte que sur la période en cours, selon la doctrine d'un pas à la fois. Pour une critique de la planification sur plusieurs périodes, voir E. Baracza, *Some Superstitions of Modern Planning,* Warsaw, 1969.

[5] Cela équivaut à « maximiser » l'accroissement de l'emploi sous des contraintes convenables. On discutera de ces contraintes dans les sections 2 et 5 ci-dessous.

[6] Voir Baracza, *op. cit.* Pour le point de vue opposé, voir Tinbergen (1956).

de provisions nécessaires pour le futur. Une des façons essentielles selon laquelle les exigences du futur doivent être prises en compte est de s'assurer que le problème de la planification pour la période suivante ne soit pas rendu plus grave à cause de la planification pour la période en cours.

Puisque le problème de la planification est fixé par une relation entre les ressources qu'il est possible d'investir et l'accroissement de la population en âge de travailler, le principe de faire un minimum de provision pour le futur impose une condition sans équivoque : entre la période en cours et la suivante, les ressources qu'il est possible d'investir doivent s'accroître plus vite que le taux d'augmentation de la force de travail.

Puisque les investissements à haute densité de capital fournissent plus de surplus qu'il est possible de réinvestir que les investissements à haute densité de main-d'œuvre, l'augmentation *éventuelle* des surplus produits par un volume donné d'investissements tend à être plus grande si la combinaison d'investissements est à plus forte densité de capital. Cependant, comme certains investissements exigent plus d'une période pour fructifier, il n'y a pas une relation simple entre les investissements faits dans l'année présente et l'addition, entre cette année et la suivante, de ressources qu'il est possible d'investir. Néanmoins, après avoir fait l'analyse appropriée du profil temporel des investissements passés, il demeure vrai qu'une réduction excessive du poids des formes d'investissements à haute densité de capital aura des conséquences malheureuses sur la production de surplus qu'il sera possible d'investir pendant l'année ou la période suivante[7].

3. Le concept de frontière de transformation

Puisqu'un accroissement de la densité de main-d'œuvre de la combinaison d'investissements (a) augmentera la demande d'intrants de travail et (b) réduira l'augmentation des surplus qu'il est possible d'investir, nous pouvons introduire un important outil conceptuel, soit le concept de frontière de transformation. Sur une matrice cartésienne à deux dimensions, il s'agit du lieu où passent

---

[7] Voir Amartya Sen, *Choice of Techniques*, 2nd ed., 1968.

les points qui représentent les combinaisons possibles de « la demande d'augmentation des intrants de main-d'œuvre » et « l'augmentation des ressources disponibles pour l'investissement » que le système économique peut atteindre étant donné le niveau de ressources qu'il est possible d'investir pendant la période courante. Le tableau I illustre la frontière de transformation d'une économie hypothétique.

Tableau 1. Une frontière de transformation

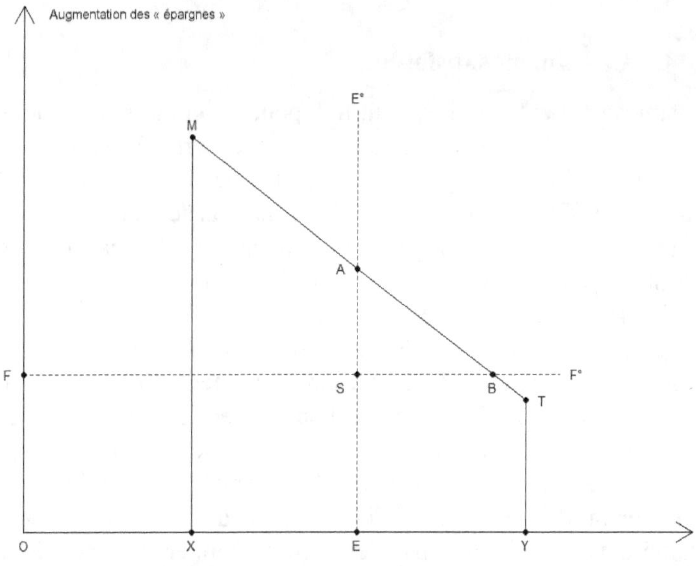

La longueur OX représente l'augmentation des intrants de main-d'œuvre réalisable en dirigeant vers les activités modernes (à haute densité de capital) toutes les ressources qu'il est possible d'investir et la longueur XM représente l'augmentation des épargnes (des ressources qu'il est possible d'investir réalisable par la même méthode). De la même manière, OY et YT représentent l'augmentation de la demande d'intrants de main-d'œuvre et d'épargnes en détournant toutes les épargnes vers les activités traditionnelles (à haute densité de main-d'œuvre). MT est la frontière de transformation qui présente d'autres combinaisons d'augmentation des épargnes et de la demande de main-d'œuvre que l'économie peut atteindre. Puisque XM>YT et que OY>OX, la ligne MT aura une pente négative, ce qui montre que l'économie ne peut atteindre un plus haut niveau de demande en intrants de main-d'œuvre qu'en sacrifiant une partie de l'augmentation des surplus qu'il est possible d'investir. Même si (pour simplifier) MT est présentée comme une ligne droite, les analyses des sections 5 et 6 ci-dessous nous obligeront à adopter le concept d'une frontière de transformation curviligne.

4. Le segment satisfaisant

Le tableau 1 peut aussi être utilisé pour démontrer la logique fondamentale de la planification. La ligne verticale brisée EE^0 représente la limite qui pèse sur cette planification, à savoir qu'il faut créer suffisamment de demandes d'intrants de nouvelle main-d'œuvre pour couvrir l'augmentation naturelle de la capacité de fournir des intrants de main-d'œuvre. Tout choix « satisfaisant » du planificateur doit se retrouver à la *droite* de cette ligne. De même, la ligne horizontale FF^0 représente la contrainte de l'augmentation des économies. OF mesure l'augmentation des économies qui doit être faite pour que l'accroissement de la force de travail n'augmente pas plus vite que le volume des surplus qu'il est possible d'investir. Tous les choix satisfaisants doivent se retrouver au-dessus de cette ligne. Ainsi, une région de choix satisfaisants est définie par les lignes frontière SI^0 et SF^0 à l'intérieur desquelles le planificateur doit garder sa combinaison d'augmentation des économies et de la demande de main-d'œuvre pour le présent et pour le futur. Le segment de la frontière de transformation à l'intérieur des régions frontières satisfaisantes (AB dans le tableau) représente le segment critique satisfaisant, peu importe le point sur lequel doit porter le choix du planificateur.

Le choix de « A » représentera le choix réalisable le plus favorable à la croissance. Il garde constant le surplus du niveau d'intrants de main-d'œuvre et il maximise (à l'intérieur de cette contrainte) le taux de croissance des ressources qu'il est possible d'investir. Le choix de « B » représentera le choix le plus réalisable pour ceux qui favorisent le présent. Cela implique qu'on laisse le taux de croissance des économies arriver à égalité avec le taux de croissance de la force de travail et qu'on maximise l'augmentation courante de l'emploi.

En d'autres termes, même s'il privilégie fortement le futur, un « planificateur gandhien » n'augmentera pas la densité de capital de sa combinaison d'investissements au-delà du point où le surplus des intrants d'emploi demeure statique. C'est la même limite à la modernisation que soulignait Gandhi. Et même s'il favorise le présent, un planificateur gandhien ne diminuera pas sa densité de capital jusqu'au point où le développement de son économie empirera dans la période suivante. Cela est lié à un aspect moins reconnu, mais bien documenté, de la pensée de Gandhi concernant la nécessité de limiter au minimum nécessaire le développement des industries modernes.

Puisque la plupart des économies contemporaines connaissent un chômage structurel croissant, il faut considérer qu'elles excèdent la limite saine de la préférence pour la croissance (future). Selon les termes de notre diagramme, elles opéreront à la *gauche* de la région satisfaisante du segment MA. La politique que leur suggérerait Gandhi serait de devoir déménager dans le segment AB dans la région satisfaisante. Cela impliquera que l'on insiste de plus en plus sur les secteurs d'activités à haute densité de main-d'œuvre, mais que le développement de ces secteurs ne devienne pas illimité.

5. L'équilibre intersectoriel

Nous devons maintenant introduire deux facteurs qui font que la frontière de transformation n'est pas une ligne droite, mais une courbe plutôt compliquée. Le premier de ces facteurs est la possibilité que (dans une allocation des ressources favorisant le secteur traditionnel) la capacité de production de biens d'équipement soit comprimée d'une manière inappropriée, de sorte que la limite supérieure de la capacité d'investir se trouvera restreinte pendant la période suivante. Le second est la possibilité que la croissance du chômage comprime la capacité d'économiser (dans l'hypothèse d'une allocation des ressources favorisant la densité du capital).

La première possibilité survient parce qu'une économie qui alloue beaucoup de ressources au secteur à haute densité de main-d'œuvre ajoute trop peu à sa capacité de fournir des biens d'équipement et des biens intermédiaires. La raison d'une telle insuffisance est qu'il y a alors une accélération de la demande des biens d'équipement et des biens intermédiaires (par exemple, les fertilisants, les machines-outils légères, l'approvisionnement en électricité, etc.) dont ont un plus grand besoin les activités à haute densité de main-d'œuvre dont le développement s'accélère. Comme ces biens d'équipement et ces biens intermédiaires ne peuvent être produits que par des méthodes à haute densité de capital, une application non critique de la règle d'éviter la densité de capital produit une pénurie de biens d'équipement et de biens intermédiaires.

La seconde possibilité survient parce qu'une augmentation du chômage signifie un accroissement net du fardeau des salariés pour le soutien des membres non productifs de la force de travail. L'augmentation de ce fardeau, dans le cas d'une forte augmentation du chômage suite à de trop grands investissements à haute densité de capital, agit comme une force de dissipation d'une partie des gains dérivés d'une augmentation plus rapide des surplus. En d'autres termes, plus est grande la dissipation dans le soutien des chômeurs des surplus qu'il est possible d'investir, plus est forte l'augmentation du chômage.

Ainsi, il y a des facteurs qui tendent à tourner vers le bas les deux extrémités de la frontière de transformation. La forme véritable de la frontière de transformation sera différente de la ligne droite que nous avons tirée plus haut sur la base de l'idée que les surplus générés par les éléments du développement peuvent simplement s'additionner.

6. La sous-production des biens de consommation

Il faut maintenant introduire une dernière considération. Comme nous l'avons vu dans la section 4 du chapitre I, c'est seulement lorsqu'il y a parallèlement une préférence pour une stratégie de croissance des biens d'équipement que le choix d'investissement à extrêmement haute densité de capital se produit habituellement. Comme la croissance de l'emploi est plus susceptible d'être limitée par une pénurie de biens de consommation que par une pénurie de biens d'équipement et de biens intermédiaires, les pénuries de biens de consommation qui conduisent au chômage accentuent la courbe vers le bas de la ligne de la frontière de transformation à l'extrémité « haute densité de capital ». Cette possibilité d'une crise marxiste de la sous-consommation (le taux de croissance du capital constant réduit par la pénurie de capital variable) signifie que les niveaux d'emploi associés à des allocations de ressources à extrême densité de capital seront très inférieurs à ce qui semble être le cas.

En pratique, les stratégies d'allocation des ressources à très haute densité de capital rencontrent ce problème principalement parce que la haute densité de capital des investissements est associée à une négligence simultanée de l'agriculture et de l'industrie légère de haute densité de main-d'œuvre. La pénurie de biens de consommation créant du chômage et le chômage conduisant à la dissipation des ressources qu'il est possible d'investir agissent de manière à se renforcer mutuellement. C'est la raison pour laquelle, paradoxalement, la tentative d'accélérer la croissance aboutit à une réduction tant de l'emploi que du fonds des ressources qu'il est possible d'investir.

7. La réelle frontière de la transformation

Nous pouvons maintenant comprendre de façon plus précise en quoi la frontière réelle de transformation diffère de la frontière apparente. L'augmentation de l'emploi *et* des épargnes est plus basse que leur niveau apparent à l'extrémité « haute densité de capital ». L'augmentation de l'épargne est plus basse à l'extrémité « haute densité de main-d'œuvre ». Dans la région du bon équilibre, la frontière réelle et la frontière apparente coïncident l'une avec l'autre. Cet étirement et cette torsion de la frontière de transformation sont des phénomènes hautement instructifs et ils sont illustrés dans le tableau 2.

Tableau 2. Les frontières de transformation réelle et apparente

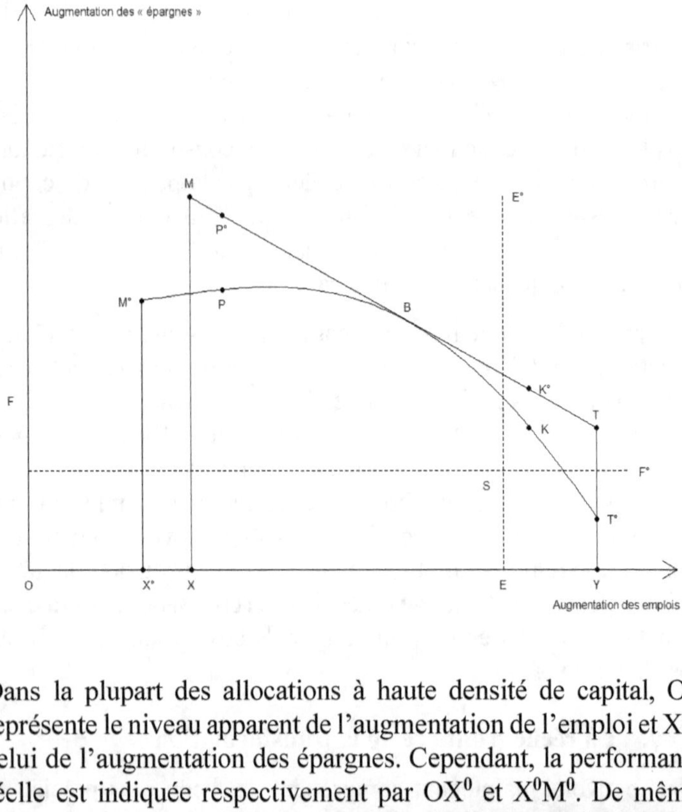

Dans la plupart des allocations à haute densité de capital, OX représente le niveau apparent de l'augmentation de l'emploi et XM celui de l'augmentation des épargnes. Cependant, la performance réelle est indiquée respectivement par OX^0 et X^0M^0. De même, pour la plupart des allocations à haute densité de main-d'œuvre, OY et YT sont les niveaux de performance apparents et OY et YT^0 celui des performances réelles. La frontière de transformation apparente est la ligne droite MT, tandis que la frontière réelle est MBT^0. B et sa voisine représentent les allocations « équilibrées » où la frontière apparente coïncide avec la frontière réelle.

Cette analyse conduit à plusieurs conclusions politiques importantes. Premièrement, elle indique qu'en partant d'un point comme B, la courbe réelle est inclinée vers le bas dans les deux directions.

Cela implique qu'un mouvement de la combinaison d'investissements qui s'écarte de l'équilibre en direction d'une trop grande densité de capital ou de main-d'œuvre entraîne des « rendements décroissants ».

Deuxièmement, lorsqu'on la compare à une allocation très forte en capital (comme P), une allocation satisfaisante (comme K) conduit à une perte de croissance beaucoup plus petite que ce que représente le mouvement apparent de la frontière de transformation (par exemple, de P^0 à K^0). Cela signifie qu'aussi longtemps que nous sommes au-dessus de la limite supérieure de la région satisfaisante, – par exemple, si on recherche le maximum qui peut être lucidement fait en vue de la modernisation – le coût de la stratégie gandhienne pour la croissance est bien moindre qu'on pourrait le craindre.

Troisièmement, si l'économie a été victime d'une tendance à favoriser des industries nécessitant un trop grand investissement en capitaux, un déplacement de l'investissement vers une région plus satisfaisante pourra s'accompagner de gains en termes d'augmentation d'emploi et d'épargne réalisable. En recherchant un équilibre visant à ne pas privilégier uniquement les industries avec un trop grand investissement en main-d'œuvre on peut rapidement faire des gains dans l'accumulation de surplus, mais on ne peut pas en faire aussi dans l'emploi.

8. La supériorité de l'approche gandhienne

La logique de planification de l'investissement développée ici se compare très avantageusement aux formulations (capitalistes et socialistes) conventionnelles du problème. En particulier, je veux attirer l'attention sur les traits suivants.

1) Gandhi pose le choix de la planification entre plus d'emploi et plus d'accumulation pendant la période actuelle. Cela évite les attentes irréalistes des théories conventionnelles du développement économique qui posent le problème comme un choix entre les niveaux présents et futurs de la consommation par personne (version capitaliste de la valeur subjective) ou comme un choix entre la production présente et la production

future (version socialiste). De telles tentatives sont irréalistes, car on ne peut jamais savoir avec certitude ce que les théories économiques conventionnelles traitent comme du déjà connu.

2) Un autre élément de supériorité analytique est de poser sur une base objective le problème des provisions adéquates pour le futur en posant la condition que le taux d'accumulation du capital doit dépasser ou égaler le taux de croissance de la force de travail.
3) Gandhi amène la planification de l'emploi à un niveau pertinent et pratique en posant concrètement et objectivement une certaine croissance minimale à atteindre pendant la période actuelle comme cible de l'emploi. Quand il s'agit d'aider les pauvres, une politique de l'emploi adéquate doit atteindre un résultat déterminable dans l'immédiat. Le plein emploi ne doit pas être un quelconque but vague (utilisant une technologie indéterminée), accessible dans un futur indéterminé.
4) En posant le problème de la décision du planificateur comme un exercice pour déterminer un choix satisfaisant, Gandhi rejette la croyance habituelle selon laquelle le planificateur a le devoir de déterminer la meilleure prévision dans le temps. Il est raisonnable et réalisable pour le planificateur de s'en tenir à des choix satisfaisants en s'assurant que la société ne biaise pas trop ses décisions en négligeant soit le futur soit le présent. On trouvera plus bas certains critères objectifs pour se prémunir contre ces deux types d'erreurs.
5) Enfin, cette approche dirige l'attention vers l'importance d'un « équilibre » dans les allocations d'investissement et développe une critique tranchante de l'idéologie de la croissance rapide par un déséquilibre des investissements. Elle fournit en même temps un correctif contre le danger d'encourager jusqu'à des extrêmes non viables les industries et les activités à haute densité d'emploi.

Une telle approche procure des gains sur le plan de la clarté analytique concernant la logique de la planification de l'investissement. De plus, elle permet de développer une approche *globale* plutôt que *partielle* du problème de l'encouragement des activités à forte densité de main-d'œuvre.

9. Une approche globale

L'approche gandhienne permet de saisir beaucoup plus clairement quelles sont les barrières qui se dressent sur notre route lorsque nous tentons d'accroître la densité de la main-d'œuvre dans la combinaison d'investissements. Ces barrières sont au nombre de trois : (a) les faibles taux de réinvestissement par unité de capital investi dans le secteur à haute densité de main-d'œuvre, (b) le problème de pénurie de biens d'équipement et de biens intermédiaires et (c) le problème de déviation d'une série « équilibrée » d'allocations.

Le faible taux d'investissement dans les activités à haut niveau de main-d'œuvre peut être augmenté par trois types de changements. Premièrement, le taux de réinvestissement qui prévaut actuellement dans le secteur à haute densité de main-d'œuvre peut être amélioré par (a) un meilleur arrangement pour le « marketing » de ses produits, (b) des modes de crédit et des fournitures d'intrants mieux organisés et moins exploiteurs et (c) la création de processus institutionnalisés de « rétention et de réinvestissement » des épargnes dans le cycle crédit-marketing. Ce sont en fait les fonctions critiques que Gandhi a établies comme les premières cibles pour les associations de « travailleurs constructifs » qu'il a formées pour revitaliser l'industrie des villages.

La deuxième manière d'améliorer le taux de réinvestissement dans le secteur à haute densité de main-d'œuvre est l'introduction à large échelle de « petites » améliorations dans les techniques traditionnelles. Même si de telles innovations n'élèvent que marginalement la densité de capital des techniques traditionnelles à haute densité de main-d'œuvre, elles peuvent avoir un impact inattendu particulièrement fort sur l'augmentation du taux de surplus qu'il est possible d'investir dans de telles technologies. Cette sorte d'effort était aussi reconnue par Gandhi comme une des formes importantes du travail constructif.

Pour ce qui est de la pénurie de biens d'équipements et de biens intermédiaires, Gandhi proposait d'appliquer une version de ce qu'on appellerait aujourd'hui une stratégie de développement des « biens fondamentaux ». Un « bien fondamental » est défini comme un bien qui entre dans la consommation des travailleurs ou un bien (d'équipement ou intermédiaire) qui « entre » dans la production de ce type de biens. La stratégie des biens fondamentaux proposée par Gandhi comportait les éléments suivants : (a) on découragera l'utilisation de méthodes à haute densité de capital pour la production de biens de consommation (au point de l'éliminer dans la mesure du possible), (b) on confiera au secteur à haute densité de main-d'œuvre la production des biens de consommation dont les travailleurs ont besoin et (c) on devra limiter l'industrie moderne (à haute densité de capital) à la production de biens d'équipement et de biens intermédiaires dont a besoin le secteur en croissance des industries à haute densité de main-d'œuvre. Enfin, Gandhi s'attendait à ce que la question de « l'équilibre » des allocations se résolve de la manière suivante. L'industrie rurale et l'agriculture rurale doivent se partager équitablement dans des groupes de petites communautés qui rechercheraient un équilibre maximum entre (a) les « besoins » locaux et les « ressources » locales et (b) la « production » locale et la « consommation locale ». L'équilibre entre l'industrie rurale/ l'agriculture rurale et l'industrie urbaine devrait se réaliser en termes de stratégies concernant les biens essentiels et sur le mode de la propriété de l'État et de la planification par l'État de la plupart des grandes usines, une minorité des grandes usines du secteur privé étant soumise à une forme gandhienne de contrôle social connue sous l'appellation de « curatelle ».

Nous pouvons voir que dans le contexte de la logique gandhienne fondamentale de la planification du développement, cette approche élaborée et globale de la « revitalisation » des activités à haute densité de main-d'œuvre se réduit essentiellement à une tentative visant à améliorer la *forme que prendra la courbe limitant la transformation sociale*. Selon le diagramme du tableau 2, cela correspond à une tentative visant à élever T, c'est-à-dire à améliorer l'efficacité économique des allocations d'investissement ayant tendance à favoriser des investissements à haute densité de main-d'œuvre. Le programme gandhien classique de « reconstruction » du système économique peut donc être interprété comme une tentative d'altérer la forme de la frontière de transformation sociale d'une manière favorable à des applications de plus en plus radicales de la logique gandhienne de l'allocation des investissements. Cette logique d'investissement subit à son tour un affûtage et une élaboration – spécialement en ce qui concerne la logique de l'investissement dans les infrastructures physiques et sociales – à la lumière de son rôle de support dans le processus de « reconstruction » du système économique.

Ainsi, la structure de la théorie gandhienne de l'élimination de la pauvreté de masse dans les nations sous-développées s'organise autour de l'idée centrale identifiée à la section 2 du chapitre I. Les quatre prochains chapitres seront consacrés à l'examen détaillé de ce vaste système de pensée.

CHAPTRE III. PROGRAMMES ET AGENCES DE RECONSTRUCTION ÉCONOMIQUE

Nous avons jusqu'ici considéré la stratégie gandhienne de reconstruction économique à un haut niveau d'abstraction. Il est maintenant temps de concrétiser cette approche en termes (a) des programmes[1] pouvant éventuellement servir à réaliser cette stratégie et (b) des agences censées mettre en œuvre de tels programmes. Nous examinerons d'abord la conversion de la stratégie en programmes.

1. Les programmes pour le secteur à haute densité de main-d'œuvre

Pour ce qui est du secteur à haute densité de main-d'œuvre, les objectifs sont les suivants : (a) assurer un volume adéquat d'investissement dans ces activités et (b) encourager les améliorations techniques marginales pour enrichir le répertoire technique de ce secteur. En termes de programmes, ces objectifs peuvent se présenter de la façon suivante :

1) il devrait exister un programme de mise en marché des produits à haute densité de main-d'œuvre et d'alimentation des intrants dans les activités à haute densité de main-d'œuvre ;
2) il faudrait réformer et institutionnaliser le processus d'épargne dans les activités du secteur à haute densité de main-d'œuvre de manière à accroître le niveau des investissements dans ce secteur ;
3) il faudrait réduire la propension du secteur à haute densité de main-d'œuvre à acheter les produits du secteur à haute densité de capital ;

[1] L'analyse suit les schémas de l'instrument de coordination du *programme-agency-policy* développé par les planificateurs chinois. Voir Ao Hsiao-Ping, *The Logic of Action,* Shanghai, 1975.

4) il faudrait imposer des restrictions à la concurrence entre les produits des activités à haute densité de capital et ceux des produits des activités à haute densité de main-d'œuvre ;
5) il faudrait encourager le secteur à haute densité de main-d'œuvre à utiliser les ressources et les outils qui ne sont pas utilisés par le secteur à haute densité de capital ;
6) il faudrait rendre disponibles une assistance technique et du capital pour les activités à haute densité de main-d'œuvre de façon à encourager l'amélioration des techniques à haute densité de main-d'œuvre.

Les objectifs mentionnés dans cette liste correspondent à ceux qui guident la conception des « activités de l'industrie de village » proposée par Gandhi. C'est dans ces termes qu'il désignait lui-même la promotion du secteur d'activités à haute densité de main-d'œuvre. Malheureusement, cette formulation avait l'inconvénient (a) de détourner l'attention du problème des activités agricoles à haute densité de capital et (b) de sembler sous-estimer le rôle des industries à haute densité de main-d'œuvre dans le secteur urbain. Cependant, lorsque Gandhi parlait de « l'industrie de village », il pensait toujours au secteur d'activités à haute densité de main-d'œuvre qu'il considérait comme un tout. De fait, il faut toujours interpréter cette expression comme une industrie (une activité de production) adaptée au village parce qu'elle est à haute densité de main-d'œuvre. S'il en était autrement, Gandhi n'aurait pas pu écrire que l'*All India Village Industries Association*, formée par Kumarappa selon ses conseils, devrait tenter d'encourager les industries de village « *à la fois* dans les villes et les villages[2] ».

Si l'on admet que l'expression « industries de village » signifie pour Gandhi les activités productives à haute densité de main-d'œuvre, il est facile de voir comment ses programmes se rattachent à la logique de la liste de programmes présentée ci-dessus. En particulier, nous notons que l'ensemble des activités de l'industrie de village gandhienne (v. g. *All India Spinners*

---

[2] M. K. Gandhi, *Harijan,* 16-11, 1934.

Association[3] et *All India Village Industries Association*[4]) sont liées aux points 1, 3 et 6 ci-dessus. Même si les points 2 et 4 ont été un peu négligés en pratique, Gandhi n'a jamais cessé de souligner l'urgent besoin de telles industries en Inde et d'espérer que le gouvernement de l'Inde indépendante leur accorde une haute priorité[5].

2. Les programmes à haute densité de capital

Gandhi a accordé moins d'attention aux activités du secteur à haute densité de capital. C'est principalement parce que le mouvement gandhien de travail constructif avait peu d'opportunités d'influencer directement les actions dans ce secteur[6]. Cependant, sur le plan de l'analyse théorique, Gandhi a offert plusieurs façons de concevoir ce qui pourrait se réaliser dans le secteur à haute densité de capital. En particulier, il a souligné l'importance des trois éléments suivants :

1) décourager l'investissement dans les activités à haute densité de capital qui entrent en compétition avec les activités à haute densité de main-d'œuvre ;
2) préserver et encourager seulement les activités à haute densité de capital qui fournissent des contributions aux activités à haute densité de main-d'œuvre ;
3) décourager l'adoption d'innovations à haute densité de capital qui sont socialement indésirables[7].

Même si ces objectifs s'inscrivent globalement dans ligne des stratégies gandhiennes de reconstruction économique, elles n'épuisent en aucune manière le programme des mesures nécessaires pour que le secteur à haute densité de capital puisse s'inscrire dans la ligne de ces stratégies. En particulier, il faut souligner les objectifs qui viennent s'ajouter aux trois précédents :

---

[3] Association des filateurs de l'Inde.
[4] Association des industries de village de l'Inde.
[5] M. K. Gandhi, *Harijan,* 1-9, 1946.
[6] M. K. Gandhi, *Harijan,* 15-9, 1946 ; 8-3, 1943.
[7] M. K. Gandhi, *Harijan,* 13-11, 1924.

4) il doit y avoir une procédure pour mobiliser des ressources pour entreprendre les éléments de l'investissement à haute densité de capital qui sont nécessaires pour le développement des activités à haute densité de main-d'œuvre que le secteur privé peut ne pas souhaiter entreprendre ;
5) il doit aussi y avoir une procédure pour la planification générale de l'investissement dans les secteurs à haute densité de capital pour que ceux-ci puissent réaliser des interrelations optimales avec les activités à haute densité de main-d'œuvre ;
6) enfin, il faut aussi que toutes les grandes usines du secteur à haute densité de capital entreprennent la planification de l'investissement, de la croissance de l'emploi et de la productivité dans la ligne des stratégies gandhiennes.

Gandhi a indirectement reconnu la pertinence de ces objectifs en observant (a) qu'il y a des activités à haute densité de capital qui servent les activités à haute densité de main-d'œuvre, (b) que les activités de ce genre devraient être gérées par l'État si le secteur privé ne les prenait pas en charge et (c) que les grandes entreprises en marche devraient respecter le principe que leurs propriétaires sont les « curateurs » de propriétés qui, en réalité, « appartiennent à la société ».

Cependant, une telle reconnaissance indirecte laissait vagues certaines questions cruciales. Premièrement, comment distinguer les activités à haute densité de capital qui sont nécessaires de celles qui ne le sont pas ? Deuxièmement, comme les ressources dont dispose le gouvernement doivent ultimement être prises dans la société, comment assurer un juste équilibre entre le coût des ressources dont dispose le gouvernement et le bénéfice des investissements du gouvernement dans les activités à haute densité de capital ? Enfin, si l'on reconnaît la validité du principe de la « curatelle », quel serait le contenu d'une prise de décision fondée sur ce principe ?

Si ces questions n'ont pas reçu de Gandhi une réponse suffisamment précise, c'est parce que sa pensée n'était pas assez claire concernant les relations entre les activités (Leontief, 1951) et sur la stratégie que lui-même préconisait. Bien sûr, cela est compréhensible, car l'outil méthodologique capital qui a rendu possible l'analyse pratique des relations entre les activités[8] n'était connu ni de Gandhi ni de J. C. Kumarappa, le seul économiste professionnel de haut rang associé à Gandhi. Cet outil d'analyse, qu'on appelle l'analyse des intrants et des extrants, n'a été accepté et ne s'est généralisé que beaucoup plus tard.

Avec l'analyse des intrants et des extrants, il est possible de clarifier plusieurs points importants de la question des relations entre les activités dans la stratégie gandhienne. Incidemment, cela permet aussi d'atteindre un plus haut degré de précision pour ce qui a trait aux relations entre le secteur à haute densité de main-d'œuvre et le secteur à haute densité de capital.

3. Les relations entre les activités

L'analyse des intrants et des extrants commence avec l'idée suivante : dans un modèle donné d'activités économiques, le niveau de production de chaque activité dépend des intrants qu'elle peut tirer des autres secteurs d'activité. Les montants que chaque activité exige des extrants des autres activités par unité provenant de ses propres extrants correspondent aux coefficients intrants-extrants de cette activité particulière. Lorsqu'on dispose de la matrice interindustrielle de tels coefficients, il est possible d'établir comment chaque activité est liée (ou pas) aux relations intrants-extrants des autres activités. Compte tenu de ce que l'on désire comme modèle de consommation et du taux de croissance de chaque élément à l'intérieur du modèle retenu, une telle technique permet aussi de déterminer la composition nécessaire du produit intérieur brut, le taux de croissance des divers éléments du modèle ainsi que le niveau de demande d'emploi et le taux de croissance de l'emploi associé au modèle choisi.

Évidemment, la connaissance des coefficients d'intrants et d'extrants peut alors améliorer considérablement la qualité de l'approche gandhienne de la planification. En partant avec un taux

[8] Le manque de familiarité avec l'analyse des intrants-extrants a amené Kumarappa à tâtonner dans l'identification des « industries à large échelle qui sont nécessaires ». Voir ses commentaires dans *Harijan*, 8-9, 1946 : « Quelques industries à large échelle sont sans doute nécessaires, mais il est difficile de dire lesquelles ».

planifié de croissance de l'emploi, la matrice interindustrielle peut définir le taux de croissance de l'emploi dans chaque activité qui sera compatible avec cette cible. Bien sûr, il y aura un nombre plus ou moins grand de modèles de ce genre. Cependant, la limite de la capacité d'investissement durant la période présente indiquera quel modèle est compatible avec le taux de croissance de l'emploi ciblé *et* la limite actuelle des capacités d'investissement.

En se basant sur un tel cadre, il est facile de déduire les propositions suivantes. Il y aura certains changements dans le modèle de production lorsqu'on élèvera la cible de l'emploi[9] jusqu'au niveau minimum défini par les gandhiens. Premièrement, le poids des activités à forte densité de main-d'œuvre augmentera dans la composition des extrants planifiés. Deuxièmement, et c'est là où l'importance de l'approche intrants-extrants apparaît, il y aura un *sous-groupe* d'activités à forte densité de capital dont le poids s'accroîtra dans le modèle de production du secteur à forte densité de capital. Ce seront les activités qui fournissent des intrants aux activités à forte densité de main-d'œuvre. Parallèlement, il y aura un autre sous-groupe dont le poids diminuera. Ce seront les activités qui *ne* fournissent *pas* d'intrants au secteur à haute densité de main-d'œuvre. Ainsi, plus l'accent est mis sur l'emploi, plus est grand le degré de changement structurel dans le modèle de production du secteur à haute densité de capital.

Par conséquent, l'analyse des intrants et des extrants permet de résoudre trois problèmes importants liés à la problématique des activités du secteur à haute densité de capital. Premièrement, elle identifie le sous-secteur des industries à haute densité de capital dont le progrès est nécessaire pour une croissance continue de la production du secteur à haute densité de main-d'œuvre. Deuxièmement, elle indique quel est le taux de croissance nécessaire des activités à haute densité de capital. On peut ainsi fournir des réponses relativement précises aux questions qui n'avaient pas été clarifiées dans le traitement gandhien du sujet.

---

[9] Pour Gandhi, la cible *minimale* de l'emploi est la création de suffisamment de demandes d'emploi pour empêcher toute détérioration de la situation du chômage structurel.

4. Le transfert entre les secteurs

L'approche gandhienne soulève un autre problème important concernant le contrôle du niveau de transfert intersectoriel des fonds d'investissement. En général, la direction du transfert va du secteur à haute densité de main-d'œuvre au secteur à haute densité de capital et son niveau est gouverné par l'excès d'investissement du secteur à haute densité de capital par rapport aux épargnes réalisées dans ce secteur. Deux mécanismes permettent d'effectuer ce transfert. Premièrement, le modèle d'acceptation des dépôts et de création du crédit des banques commerciales permet de transférer les fonds qu'il est possible d'investir. Deuxièmement, les opérations fiscales du gouvernement conduisent à un transfert similaire : les fonds sont tirés de la société dans son ensemble, mais (sauf dans la planification gandhienne) ils sont investis principalement dans les activités à haute densité de capital.

Pour contrôler le processus de transferts entre les secteurs, il devient nécessaire de diriger à la fois l'activité des banques commerciales et les modèles de levée publique des ressources et de l'investissement. Le contrôle des opérations bancaires (dont le modèle de crédit est adapté aux exigences du secteur à haute densité de capital) pourrait s'avérer le plus difficile à obtenir. Il faut ici produire un mécanisme institutionnel par lequel les épargnes du secteur à haute densité de main-d'œuvre peuvent être réinvesties dans ce même secteur. Gandhi était lui-même conscient de ce problème et il a proposé plusieurs idées pour atteindre le résultat désiré. Son choix final s'est arrêté à trois concepts : (i) la formation de groupes de coopératives d'épargne et d'investissement par les petits agriculteurs et les artisans[10]; (ii) des arrangements dans la fourniture des intrants et les organisations de marketing permettant une rétention automatique du minimum nécessaire de fonds d'investissement[11]; (iii) des encouragements aux banques commerciales à fournir du crédit au secteur à haute densité de main-d'œuvre selon des institutions de type (i) ou (ii)[12].

---

[10] M. Gandhi, *Young India*, 14-5, 1926.
[11] M. Gandhi, *Young India*, 3-11, 1921.
[12] M. Gandhi, *Young India*, 2-11, 1929.

Encore une fois, la pensée gandhienne répond de façon plutôt vague à la question de savoir ce que l'État peut faire. Cependant, Gandhi suggère plusieurs principes qui peuvent être utilisés effectivement dans la perspective de planification qu'on peut construire en utilisant l'approche gandhienne. La base logique de l'approche gandhienne est que le gouvernement devrait retourner au secteur à haute densité de main-d'œuvre plus qu'il en prend. C'est ce principe qui nous concerne, beaucoup plus que les suggestions spécifiques de Gandhi qui n'a pas fourni suffisamment de détails sur plusieurs d'entre elles. S'il était appliqué, ce principe exigerait un examen attentif du modèle de levée et d'allocation de ressources par le gouvernement afin d'établir dans les deux cas la part du secteur à haute densité de main-d'œuvre. Cependant, les points le plus importants à considérer seront probablement le volume des achats de produits du secteur à haute densité de main-d'œuvre et le prix des biens produits dans le secteur du gouvernement et consommés dans le secteur à haute densité de main-d'œuvre[13].

5. Les agences et leurs objectifs

Notre analyse des objectifs programmatiques de la stratégie gandhienne de reconstruction économique nous permet de déduire une conception des agences dont on aura besoin pour atteindre ces objectifs et de la division du travail entre ces agences. La liste de ces agences ainsi que la division du travail entre elles varieront sans doute légèrement, mais d'une façon plus importante que ce qu'on peut en supposer à partir des énoncés de Gandhi. C'est le résultat de notre analyse plus minutieuse et plus détaillée des exigences programmatiques du secteur d'activités à haute densité de capital et d'une plus grande clarté sur le rôle de l'État.

Pour ce qui concerne les programmes du secteur à haute densité de main-d'œuvre, les principales agences devront être les suivantes :

1) les organisations d'achat des intrants et des extrants et de marketing du type représenté par l'Association panindienne des filateurs[14] et l'Association panindienne des industries de

[13] M. Gandhi, « Speach to Bombay Bankers », 12-7, 1947.

[14] All India Spinners » Association (A.I.S.A.).

village[15], appuyées, d'une part, par (a) des agences gouvernementales pour l'achat de biens utilisés par les départements et les agences du gouvernement et, d'autre part, (b) des agences de commerce étatiques chargées de fournir au secteur à haute densité de main-d'œuvre les intrants du secteur à haute densité de capital ;

2) les groupes de coopératives de petits paysans, d'artisans et d'opérateurs du secteur des services qui travailleront avec les agences du premier type (i) pour garantir les intrants et le crédit, (ii) pour fournir les produits du marché et (iii pour entreprendre des épargnes institutionnalisées ;
3) les banques commerciales devront être réorganisées de manière à pouvoir accroître leur volume de crédit aux activités du secteur à haute densité de main-d'œuvre, soit directement aux unités mentionnées au point 2 ou à des agences comme celles du point 1 ;
4) dans le processus de planification des activités du secteur à haute densité de capital, l'État doit s'assurer que les activités qui entrent en concurrence avec les produits du secteur à haute densité de main-d'œuvre ne soient pas encouragées.

Ainsi, pour cette partie du programme, la structure des agences concernées comprendra : (a) les agences de planification de l'État, (b) les autorités commerciales de l'État, (c) les départements d'achat du gouvernement, (d) les agences chargées des intrants et des extrants, ainsi que du marketing, (e) des groupes de coopératives d'agriculteurs et d'artisans et (f) des banques commerciales.

Pour ce qui est du reste du système économique, la structure des agences est la suivante :

1) des autorités de planification de l'État, en combinaison avec les autorités chargées du contrôle des licences, qui stoppent l'expansion exagérée des formes non nécessaires d'investissement à haute densité de capital ;
2) des autorités de planification de l'État, en combinaison avec le département des finances, qui planifient et mettent en œuvre

[15] All India Village Industries Association (A.I.V.I.A.).

dans le secteur public le programme de développement des activités à haute densité de capital qui sont nécessaires ;
3) des gestionnaires de grandes usines à haute densité de capital (dans le secteur public et le secteur privé), qui mettent en œuvre les opérations d'investissement, de création d'emplois et de planification de la productivité selon les principes de la curatelle.

Ainsi, les agences dans ce champ d'activités sont (a) les autorités de planification de l'État, (b) les départements du gouvernement et (c) les gestionnaires des grandes entreprises à haute densité de capital.

Pour ce qui concerne le contrôle des transferts entre les secteurs, le même ensemble d'agences suffira si l'on y ajoute la banque centrale et les gestionnaires des banques commerciales. La liste complète des agences nécessaires pour activer une stratégie gandhienne de reconstruction économique se ramène donc aux agences suivantes :

1) des groupes de coopératives de petits agriculteurs et d'artisans ;
2) des agences (non officielles) pour s'occuper de fournir les intrants et d'assurer la mise en marché des produits des activités à haute densité de main-d'œuvre ;
3) des gestionnaires des banques commerciales ;
4) des gestionnaires des grandes usines à haute densité de capital ;
5) la banque centrale ;
6) les autorités de l'État chargées du commerce ;
7) les départements de l'État chargés des achats publics ;
8) les autorités qui accordent les licences (pour les activités à haute densité de capital) ;
9) les autorités de l'État chargées de la planification et du budget ;
10) les départements de l'État qui sont concernés par le développement des entreprises dans le secteur public.

Parmi ces 10 agences, la pensée gandhienne reconnaît 1, 2, 3 et 4, et elle fait des allusions à 6, 7 et 8. L'addition des agences 5, 9 et 10 – qui touchent aux fonctions de coordination générale de l'économie – fournit une analyse plus complète des exigences logiques que suppose la mise en œuvre de la stratégie économique gandhienne.

CHAPITRE IV. POLITIQUES ET INSTRUMENTS DE RECONSTRUCTION

Dans le présent chapitre, nous tenterons encore de rendre plus concrète la stratégie économique gandhienne. Nous préciserons quelles politiques concrètes les agences devront adopter et les instruments qu'elles devront utiliser pour atteindre leurs objectifs. Mais avant d'être en mesure de le faire, il nous faudra développer et concrétiser le schéma abstrait que nous avons utilisé jusqu'ici pour parler des secteurs d'activités.

1. Enrichissement du schéma des secteurs d'activité

Le nouvel élément dans le schéma des secteurs d'activité est l'addition de la polarité rural/urbain à la polarité déjà existante haute densité de capital/haute densité de main-d'œuvre. Aux fins d'analyse, nous passons donc d'un schéma à deux secteurs d'activité à un schéma à quatre secteurs. Cependant, ce qui est plus important, c'est que la polarité rural/urbain nous permet d'ajouter des questions liées aux types d'habitats et aux modèles d'occupation appropriés aux types d'habitats.

La considération de tels facteurs débouche sur le fait qu'il a au moins *trois* ordres d'habitats à considérer : (a) les villages avec un modèle d'occupation orienté vers l'agriculture, (b) les zones urbaines avec un modèle d'occupation orienté vers les industries de services et (c) les points focaux intermédiaires qui servent de centres d'interaction entre le secteur urbain et le secteur rural. Il est donc nécessaire de voir comment la stratégie gandhienne affecte ces trois types d'habitats.

À la suite de cette première considération, le concept de hiérarchie d'habitats nous permettra de centrer l'attention sur le rôle des activités reliées aux infrastructures physiques et sociales en tant que distinctes des activités directement productives. Nous devons maintenant considérer les implications de la stratégie gandhienne pour le développement des infrastructures physiques et sociales.

2. Cadre d'une politique pour le secteur rural

Nous définirons le secteur rural comme celui qui comprend à la fois les villages et les foyers d'intégration entre le rural et l'urbain. Ce concept « inclusif » est nécessaire pour pleinement apprécier le modèle de pensée gandhien qui présuppose l'intégration des foyers d'interaction entre le rural et l'urbain au secteur rural et la transformation de ces foyers de ce qu'ils sont présentement, des centres au service de la ville, à ce qu'ils devraient être, des centres au service du village[1].

Pour bien apprécier la perspective de la politique gandhienne représentons-nous d'abord le secteur rural comme un ensemble d'unités géographiques composées de (petits) villages servis par un village central qui est un foyer d'intégration rural/urbain. À la lumière de l'analyse de la stratégie de l'économie gandhienne présentée plus haut, les objectifs de planification de cette unité géographique peuvent être perçus comme étant gouvernés par le principe général du développement maximal des activités à haute densité de main-d'œuvre à l'intérieur de cette unité. L'infrastructure (à la fois physique et sociale) de cette unité géographique doit être subordonnée à ce but fondamental (Das, 1973-74).

Le premier but de cette politique est la revitalisation de l'agriculture à haute densité de main-d'œuvre. Cela signifie que l'agriculture des petits propriétaires doit devenir la forme dominante de l'activité agricole. Une telle cible implique les buts secondaires suivants : (a) effectuer une réforme agraire de manière à maximiser le nombre de fermes viables appartenant à des agriculteurs[2], (b) faire des arrangements effectifs pour l'irrigation, la protection des terres agricoles et le reboisement local, (c) intensifier les activités d'élevage et de culture hydroponique, (d) activer le potentiel des communautés rurales pour la production de biogaz, (e) garantir le flux des semences améliorées et d'autres intrants modernes dans les fermes, (f) mettre en place des arrangements

---

[1] M. Gandhi, *Young India*, 3-11, 1921 ; 10-6, 1926.
[2] M. K. Gandhi, *Harijan*, 9-3, 1947.

efficaces pour la mise en marché du surplus de production de manière à assurer un prix juste et suffisant aux agriculteurs[3].

La structure de crédit et de marketing et les coopératives de petits agriculteurs décrites plus haut peuvent s'occuper des points (e) et (f). Des agences officielles peuvent aussi s'impliquer pour apporter un support supplémentaire à de telles activités. Cependant, les points (b), (c), et (d) dépendent de la mobilisation de la communauté villageoise en tant qu'unité de réflexion, de planification et d'action. Ce nouveau cadre économique nous amène à un concept gandhien important, celui de la relance des conseils communautaires traditionnels (les anciens *panchayats*[4]) comme unités exerçant des fonctions modernes de planification communautaire. Selon Gandhi, ce « conseil de planification communautaire » devrait contrôler (a) la distribution et l'allocation des diverses activités dans le village, les « droits de possession » étant convertis en droits de location équivalents et bien protégés, (b) l'utilisation du « surplus de main-d'œuvre » disponible dans la communauté pour effectuer des travaux communautaires et (c) la planification du modèle général d'achat et de mise en marché de la communauté, en consultation avec les groupes locaux d'agriculteurs et d'artisans, ainsi que les unités d'agences coopératives situées dans le village central de chaque groupe de villages (Das, 1973-74).

---

[3] Le problème des « prix justes » a causé des inquiétudes importantes à Gandhi. Il s'est rendu compte que la méthode des « bas prix » avait comme conséquence que les surplus des villages étaient drainés vers les villes. Sa solution ultime a été d'éliminer les profits des intermédiaires. Voir M. K. Gandhi, *Harijan*, 9-3, 1947.

[4] M. K. Gandhi, *Panchayat Raj*. —
https://www.mkgandhi.org/articles/village_development.html
Pour Mahatma Gandhi, le *panchayat raj* était le fondement du système politique de l'Inde. Cela aurait été une forme décentralisée de gouvernement où chaque village aurait été responsable de ses propres affaires. Le terme qu'il utilisait pour présenter cette vision était « *Gram Swaraj* » (autogestion de village ».
https://www.google.com/search?q=M.+K.+Gandhi%2C+Panchayat+Raj&oq=M.+K.+Gandhi%2C+Panchayat+Raj&aqs=chrome..69i57j69i59.4821j0j15&sourceid=chrome&ie=UTF-8

De toute évidence, ce cadre fournit des opportunités optimales pour le développement des activités d'artisanat rural. En particulier, le « village central » constitue le foyer pour les activités qui gravitent autour du marché rural et qui sont régies par le principe de l'utilisation des ressources locales pour répondre aux besoins locaux.

Le système de village central à l'intérieur d'un groupe de villages fournit également l'unité de base pour organiser les services d'infrastructure. Un comité dont les membres viennent des conseils communautaires locaux est censé poursuivre ces activités à l'aide de fonds et de main-d'œuvre fournis par la communauté.

Les activités d'infrastructure qu'une telle unité peut effectivement entreprendre incluent : (a) l'entretien des routes du groupe de villages, (b) les provisions pour l'irrigation et l'eau potable, (c) le système sanitaire (d) l'éducation primaire et l'éducation des adultes, (e) les soins aux personnes âgées, aux indigents et aux handicapés. En complément, on peut ajouter que les agences officielles centrales de développement sont supposées fournir les services suivants au village central : (f) des liens efficaces et faciles avec le centre urbain le plus proche, (g) des services de soins médicaux et de santé publique, (h) une école secondaire et des services éducatifs en artisanat et en agronomie, (i) des liens postaux et télégraphiques, (j) des entrepôts et des moyens de transport des biens. Les agences coopératives et les banques complètent le cadre de services disponibles pour regroupements ruraux en fournissant : (k) des services de mise en marché et d'approvisionnement en moyens de production (l) des services de crédit et d'extension technique, (m) des aménagements pour le marketing, l'épargne et l'investissement.

L'application de l'approche globale au développement rural décrite ci-dessus exige, bien sûr, un effort parallèle de transformation sociale. Gandhi croyait que ceux qui peuvent le mieux fournir cet effort sont des travailleurs sociaux volontaires opérant dans des *seva ashrams* (monastères voués au service) dans chacun des regroupements ruraux. Cette approche est basée sur le principe suivant : vivre et travailler parmi les gens, en commençant par des programmes « à un niveau minimal » de mobilisation pour amener graduellement les communautés locales à la maturité et à une pleine et effective participation au programme total de développement des villages décrit ci-dessus[5].

3. Principes devant guider le reste de l'économie

En suivant le principe qui consiste à accorder le maximum de support possible aux processus de développement des regroupements ruraux, il est facile de déduire le cadre d'une politique concernant le reste de l'économie. Ces « activités d'appui » sont de quatre types : (a) des industries à grande échelle dont le développement est nécessaire dans le cadre de profils de production et de consommation qui sont ceux de l'ensemble des regroupements ruraux, (b) l'établissement de dispositions concernant l'organisation de l'enseignement supérieur, des services médicaux et des services sociaux que requiert une plus vaste clientèle que celle que peuvent fournir les regroupements ruraux, (c) le maintien et le développement de l'irrigation, de l'énergie, du transport et des réseaux de communication sur de grandes superficies, et (d) la poursuite de la recherche scientifique et technologique. Nous devons cependant nous rappeler que la forme et la quantité de ces activités dépendent du profil des regroupements de villages et de leurs besoins. Il faut en conclure que ni le développement de la grande industrie, ni la construction d'infrastructures pour de grandes surfaces, ni enfin la poursuite de la recherche scientifique et technologique ne seront traités comme des fins en eux-mêmes. Chacun de ces éléments sera limité au minimum nécessaire pour le développement des regroupements ruraux. C'est ce que Gandhi voulait dire dans son dicton de « convertir les villes pour les mettre au service du village ».

En ce qui concerne les grandes industries, voici les principaux éléments de la politique gandhienne :

(i) préparer des plans pour le développement de grandes industries sur la base de l'ensemble des profils de besoins des regroupements ruraux à l'aide des méthodes de l'analyse des intrants et des extrants ;

[5] M. K. Gandhi, « Samagra gramseva », *Harijan*, 17-3, 1946.

(ii) distribuer le fardeau des programmes de développement industriel entre le secteur public et le secteur privé selon des critères pragmatiques ;

(iii) pour ce qui est de l'industrie, préparer les lignes directrices de la planification de l'investissement, de la productivité et de la distribution des revenus pour que les conseils de gestion de la grande industrie appliquent les principes de la « curatelle » ;

(iv) maintenir des contrôles effectifs de l'approvisionnement et du prix des matériaux et des ressources rares de manière à garder sous constante surveillance la tendance de l'industrie à dévier des lignes directrices qu'elle a reçues.

De plus, chaque usine du secteur à grande échelle doit entreprendre une planification détaillée de ses modèles d'investissement, de productivité et de distribution des revenus. Gandhi a beaucoup insisté sur cet aspect du problème et il a suggéré la mise en place de conseils de curatelle[6] composés de représentants des propriétaires, des gestionnaires, des travailleurs, du gouvernement et de gens de la localité pour surveiller les activités de gestion. Les grandes lignes directrices de la « planification indicative » mentionnées plus haut serviront de guides aux gestionnaires et aux membres des conseils de curatelle pour décider ce qui est souhaitable dans l'intérêt public.

Gandhi aurait voulu[7] que la grande industrie passe un contrat avec (a) les conseils des communautés locales, (b) les systèmes de commerce des coopératives et de l'État et (c) les syndicats ouvriers des villes pour qu'ils fournissent respectivement le terrain, les intrants et la main-d'œuvre nécessaires pour leurs opérations.

Selon lui, la distribution de la production devrait également s'effectuer par contrat avec le système commercial des coopératives et de l'État. Ce processus contractuel à quatre volets fournit des possibilités pour une planification indicative du secteur à large

---

[6] M. K. Gandhi, *Harijan*, 25-10, 1952. Préparé par Pyarelal. M. K. Gandhi, *Harijan*, 31-3, 1946. M. K. Gandhi, *Harijan*, 1-6, 1935.
[7] M. K. Gandhi, *Harijan*, 2-11, 1934.

échelle guidée par un contrôle effectif des prix de la mise en marché et *non* par les prix courants.

Les besoins de développement des « regroupements ruraux », d'une part, et ceux des « industries à large échelle », d'autre part, déterminent plus ou moins le modèle de construction des grandes infrastructures. Les seules suggestions de Gandhi qui s'appliquent à ce secteur d'activités sont les suivantes :

(i) que la construction des infrastructures physiques soit à la plus haute densité de main-d'œuvre possible ;
(ii) que l'on évite la construction d'infrastructures qui exigent trop de capital et qui ne sont pas nécessaires ;
(iii) qu'on ne construise pas de grandes infrastructures chaque fois que des infrastructures basées sur des petites communautés peuvent suffire ;
(iv) que le service des besoins des regroupements ruraux ait toujours la primauté.

On ne peut rien ajouter à ce qu'impliquent avec évidence la stratégie gandhienne générale et le concept de conseils de curatelle pour la gestion des unités de grande infrastructure.

Pour ce qui est de la politique concernant la science et la technologie, il est clair qu'il faut d'abord insister sur la recherche et le développement qui supportent le modèle d'activités des regroupements ruraux. Les activités de recherche et de développement devraient être entreprises par des coopératives et recevoir l'appui des institutions de recherche publiques et des centres de formation. Le véritable changement ici est l'important virage qu'implique le passage d'une grande échelle à une petite échelle et d'une haute densité de capital à une haute densité de main-d'œuvre dans le champ de la recherche et du développement.

4. Un inventaire des instruments

Nous pouvons maintenant fournir un inventaire des instruments qui seront utilisés par la stratégie gandhienne de reconstruction.

1) Les plans communautaires des villages individuels (et également des communautés urbaines voisines).

2) Les plans d'infrastructure des regroupements ruraux (et également des communautés urbaines voisines).
3) La mise en marché, les prix, les extensions techniques et les politiques de crédit des coopératives et des banques, avec l'appui des agences commerciales de l'État.
4) Les plans des unités industrielles à grande échelle pour l'investissement, la productivité et la distribution du revenu.
5) Les plans d'infrastructure du gouvernement.
6) Le programme public de recherche et de développement.
7) Le processus d'allocation par le gouvernement des licences et des matériaux rares.
8) La mobilisation publique des activités des *seva ashrams*.
9) Le processus général de planification indicative qui coordonne et guide l'utilisation de cet ensemble d'instruments.

Le gandhisme classique reconnaît seulement les instruments 1, 3, 4 et 8 de cette liste. Notre liste « néo-gandhienne » d'instruments est plus complète que ce qui peut être établi directement par une étude du gandhisme classique. Lorsqu'on devient conscient du processus intrants-extrants de l'économie, les autres instruments peuvent être considérés comme de simples corollaires des instruments 1, 3 et 4. En ajoutant des instruments à la liste des instruments pour le développement, nous n'avons fait qu'ajouter ceux qui sont requis pour rendre la structure gandhienne classique logiquement complète.

CHAPITRE V.
L'UTILISATION CORRECTE DES OPPORTUNITÉS DU COMMERCE EXTÉRIEUR

Nous avons jusqu'ici mené la discussion dans le cadre d'une « économie fermée ». Il est temps maintenant de discuter de la façon de profiter des avantages inhérents en principe à l'existence d'opportunités de commerce extérieur dans une économie menée dans une ligne gandhienne.

1. Les avantages commerciaux escomptés au commerce

Le commerce permet au modèle national de production et au modèle national d'utilisation des biens (pour la consommation et l'investissement) de varier l'un par rapport à l'autre[1]. De cette façon, une économie peut améliorer sa performance totale en tirant avantage de la possibilité du commerce.

Considérons le modèle d'exportation-importation qu'il sera opportun d'adopter dans une économie gandhienne. Puisque le problème fondamental de la planification se pose en termes d'analyse de la transformation de la frontière, il est approprié de poser dans les mêmes termes le problème du commerce approprié. Ce constat nous conduit dans un raisonnement plutôt complexe, mais extrêmement éclairant.

2. Le commerce extérieur selon l'approche cumulative

Supposons que nous traitons d'une économie dont la cible est d'améliorer le taux d'accumulation. Une telle économie peut donc décider de se spécialiser dans la production de biens à haute densité de capital dans une plus large mesure qu'en demeurant

---

[1] Pour un résumé général de la théorie conventionnelle des gains et des limites du commerce, voir Bhagwati (1965).

dans un état d'équilibre national dans la production des secteurs à haute densité de capital et à haute densité de main-d'œuvre. Il s'ensuit qu'elle *exportera* des biens à haute densité de capital. Le résultat net serait que cette économie peut adopter un modèle d'investissements à beaucoup plus haute densité de capital que ce qui serait possible dans une économie fermée.

Il faut toutefois noter que cette disposition implique cependant une perte dans l'emploi national. Puisque le modèle de l'investissement national deviendra de plus en plus à haute densité de capital, le niveau de création d'emploi diminuera. Le seul changement sera que le « gain dans le taux d'accumulation par unité d'emploi perdu » s'améliorera, parce que la menace de déséquilibre à cause de la réduction du taux d'accumulation aura été éliminée par le commerce extérieur. Le tableau I illustre ce type d'analyse.

Tableau 1. L'approche accumulative du commerce extérieur

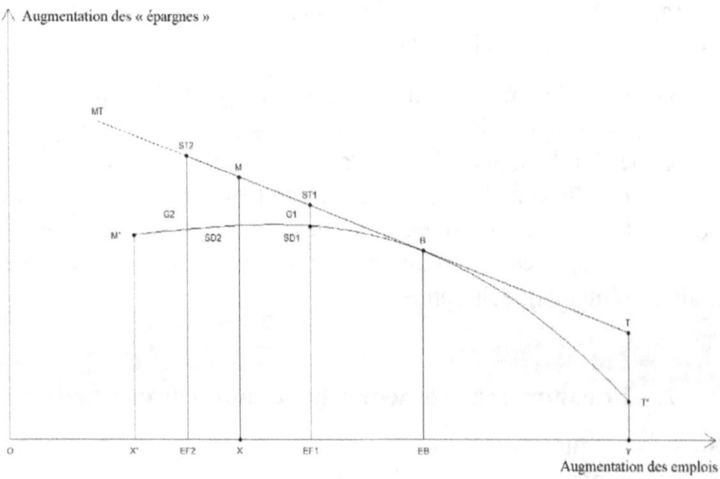

Supposons que M^0BT^0 représente la courbe de transformation réelle d'une économie fermée et postulons que l'économie est initialement au point B, avec l'emploi à OE^0. Lorsque la menace de déséquilibre disparaît, l'économie peut commencer à se déplacer vers M sur la frontière de transformation apparente – puisque la menace de déséquilibre est ce qui conduit à la distinction entre *la frontière apparente et la frontière réelle* – et ainsi atteindre un point comme E_{F1} (avec un niveau d'emploi à OE_{F1}), une augmentation de l'emploi à S_{T1} (augmentation des épargnes grâce au commerce) plutôt que S_{D1} (augmentation des épargnes sans le commerce, avec une économie purement nationale). En principe, pourvu que des techniques à plus haute densité de capital que celles présentement disponibles entrent dans le champ de la connaissance technologique, il est possible d'aller vers une allocation comme E_{F2} et d'atteindre une augmentation des épargnes comme S_{T2}, ce qui n'est pas accessible à l'intérieur d'une économie purement nationale.

Nous pouvons donc voir que l'effet d'une approche accumulative du commerce extérieur est d'élever le taux de croissance des épargnes à un moindre coût en emploi que cela serait possible autrement et que plus le gain relatif de la croissance augmente, plus le niveau réel de la génération d'emploi s'abaisse. Donc, pourvu que la structure des prix internationaux offre une possibilité d'obtenir des biens à haute densité de main-d'œuvre moins chers que ceux produits nationalement, il y a un danger que la perspective de larges gains dans le taux d'accumulation induise une réduction de la génération courante d'emploi à des niveaux impraticables. En d'autres termes, le secteur urbain grandira sur la base de relations importations-exportations aux dépens du secteur national à haute densité de main-d'œuvre devenu « économiquement de trop ». C'est une stratégie idéale pour une économie développée où il manque de main-d'œuvre et une telle stratégie a effectivement été utilisée avec succès dans plusieurs économies moins bien nanties. Pour une économie pauvre avec un large surplus de chômage structurel, une telle politique serait une recette pour un désastre avec de la souffrance humaine à une échelle inimaginable.

3. L'approche gandhienne

L'approche gandhienne se présente plutôt comme une tentative visant à utiliser le commerce international pour accélérer l'augmentation de l'emploi. Dans un modèle de développement à haute densité de main-d'œuvre, cette possibilité apparaîtra si les biens d'équipement et les biens intermédiaires qui seront rares peuvent être obtenus à meilleur marché dans le système d'échange international que dans la production nationale. L'économie adoptera alors un modèle de production à très haute densité de main-d'œuvre et elle échangera le surplus de biens à haute densité de main-d'œuvre contre des substituts importés de biens à haute densité de capital qu'elle ne produit pas. Le gain qui en résultera sera que plus d'emplois pourront être assurés sans violer la contrainte de l'équilibre ; la dangereuse possibilité d'une pénurie de biens d'équipement ne sera plus là. Le tableau 2 illustre cette autre possibilité.

Tableau 2. La stratégie gandhienne pour le commerce

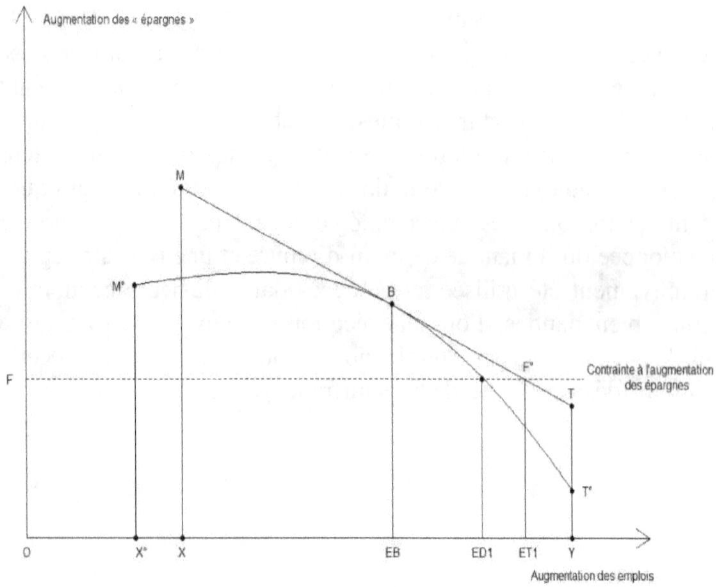

Puisque l'économie peut se déplacer à la droite du point d'équilibre national B jusqu'au point T plutôt que T^0, elle peut atteindre un niveau plus élevé de génération d'emploi pour la période présente OE_{T1} (génération d'emploi possible grâce au commerce) que le niveau OE_{D1} (génération d'emploi possible avec une économie purement « nationale ») sans violer la contrainte de l'augmentation des épargnes.

4. La situation empirique et la politique commerciale

Empiriquement, l'application de l'approche accumulative au commerce international sera possible si, au point d'équilibre national, il est moins coûteux d'obtenir des substituts aux biens nationaux à haute densité de main-d'œuvre par des exportations à haute densité de capital que par la production nationale. L'application de l'approche gandhienne ne sera possible que si, au point où l'économie de la nation se trouve en équilibre, il est moins coûteux d'obtenir des substituts aux biens nationaux à haute densité de capital par des exportations à haute densité de main-d'œuvre que par la production nationale. Empiriquement, les deux sortes d'opportunités surgiront probablement, puisque nous ne traitons pas de deux biens, mais d'un large éventail de biens.

Une politique commerciale rationnelle compatible avec les principes gandhiens de planification impliquera donc l'application de l'approche gandhienne et de l'approche accumulative. Dans le cas de certains produits de base, nous trouverons qu'il convient d'utiliser les techniques gandhiennes pour obtenir des substituts à haute densité de capital aux produits nationaux à haute densité de capital en vendant des biens à haute densité de main-d'œuvre. Pour certains autres produits de base, nous pourrons préférer vendre des biens à haute densité de capital afin de pouvoir importer des substituts aux produits nationaux à haute densité de main-d'œuvre. Par exemple, il peut être valable d'importer du sucre (disons de Cuba) en échange d'acier ou de machines-outils. On peut s'attendre à ce que l'effet de telles opérations conduise à une situation comme celle illustrée dans le tableau 3.

Tableau 3. Stratégie commerciale combinée

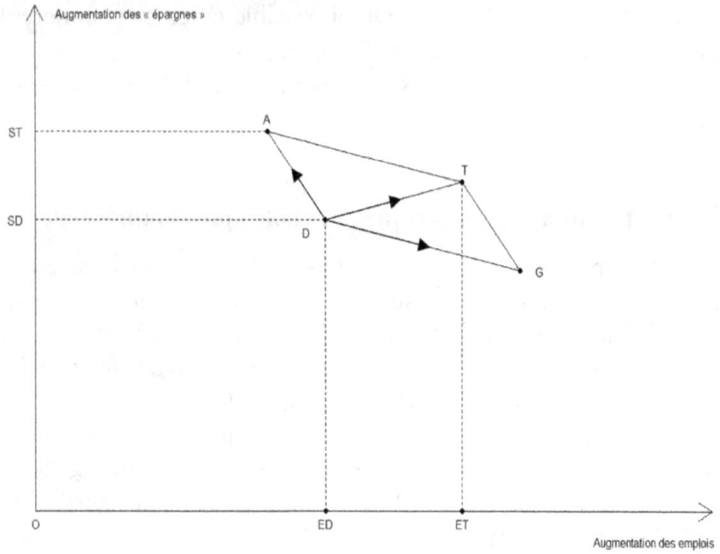

Dans le tableau 3, D est le point qui représente la combinaison nationalement accessible de l'augmentation de l'emploi OE_D et de l'augmentation des épargnes OS_D. Un mouvement de D vers A représente l'utilisation de décisions accumulatives viables. Un mouvement de D à G est l'effet de l'utilisation des opportunités de substitution gandhiennes ; l'effet net (qu'on trouve en surimposant les deux mouvements) est de D à T qui implique des gains en épargnes ($OS_T - OS_D$) et en emplois ($OE_T - OE_D$). Un tel processus de « double gain » est l'avantage qu'une économie peut se donner à condition de tirer le meilleur parti possible des opportunités qu'offre le marché.

1. L'autarcie et « l'avantage comparatif »

Cette approche comprend deux étapes. La combinaison d'investissements est d'abord planifiée sur une base d'autosuffisance économique que Gandhi appelle « cent pour cent *swadeshi*[2] ». À la seconde étape, en partant de cette base, nous explorons les avantages comparatifs qu'on peut extraire du commerce. Cela contraste avec le procédé qui consiste à tenter de choisir dès le début un portefeuille d'investissements soit pour tirer avantage d'un maximum de croissance (l'approche de Hick) soit pour en tirer un maximum de revenu (l'approche classique). Il est clair que le procédé recommandé ici est analytiquement supérieur, car il part d'une base solide (un mélange équilibré d'activités nationales incorporées dans l'investissement) à partir de laquelle on peut mesurer les gains apportés par le commerce et reconsidérer sa valeur. Toute autre approche soulève le problème de la base à partir de laquelle on peut évaluer l'avantage du commerce et celui du critère qu'il faudrait utiliser pour en évaluer les avantages.

Deuxièmement, la méthode s'appuie au départ sur l'état de l'économie et s'applique seulement à la période courante de la planification de l'augmentation des exportations et des importations. Cette approche « période par période » permet d'interpréter la politique commerciale d'une manière réaliste. Par contre, en considérant l'économie comme un tout et en la traitant comme parfaitement « malléable », les méthodes traditionnelles ne réussissent pas à bien poser le problème.

La doctrine (habituellement attribuée à Gandhi) selon laquelle il faudrait immédiatement bannir l'introduction en Inde de produits étrangers n'est donc pas aussi incroyable qu'on a pu le croire, puisqu'il ne s'agit pas de passer immédiatement à l'autarcie. Comme toutes les doctrines gandhiennes, c'est une approche progressive qui amène l'économie à aller vers le *swadeshi* dans la mesure seulement où il est réaliste de le faire pendant la période visée.

---

[2] Pour une distinction entre le « commerce normal » et le *swadeshi*, voir (i) M. K. Gandhi, *Harijan*, 15-3, 1943 et (ii) J. C. Kumarappa, « Why swadeshi goes to Extremes », *Harijan*, 15-12, 1945. — Le terme *swadeshi* signifie : « qui favorise son propre (*swa*) pays (*desha*) », une attitude qui consistait pour Gandhi à bannir l'importation en Inde de produits étrangers, en particulier anglais (NdT).

Bien sûr, il y a un aspect du *swadeshi* qui relève de la lutte *politique* des économies pauvres contre un système économique impérialiste et exploiteur de commerces mondiaux et de mouvements du capital. Toutefois, cela appartient à un niveau différent de discours. L'approche gandhienne normale du commerce a peu de choses à voir avec le *swadeshi* entendu en ce sens, car son approche normale des relations entre les humains s'inscrit dans sa théorie de la non-coopération non violente. Cet autre problème sera considéré aux chapitres VIII et IX.

2. La socialisation du commerce international

En attendant, notons que l'approche recommandée ici est incompatible avec le « commerce libre » exactement dans le même sens que l'approche gandhienne de l'économie nationale est incompatible avec le « libre marché ». La raison est également la même. Toutes les décisions gandhiennes sont évaluées en termes d'augmentation de l'emploi et de l'épargne au niveau social. Dans le marché libre, ce critère disparaît complètement du paysage et est remplacé par l'augmentation nationale du revenu moyen, ou d'une manière plus réaliste, par la somme des profits privés attendus.

L'approche gandhienne du commerce international exige donc clairement qu'elle soit mise en œuvre par une seule agence nationale intégrée pour la gestion des exportations et des importations, et qu'elle soit guidée par un comité paritaire des représentants nationaux des planificateurs officiels, des coopératives et des grandes industries. C'est seulement lorsque toutes les exportations et les importations sont dirigées par une telle agence unique que naît la possibilité de la socialisation du processus du commerce international recommandée par Gandhi.

CHAPITRE VI. LA COORDINATION DES INSTRUMENTS

Le présent chapitre complète notre compte rendu de l'approche gandhienne de la reconstruction économique et nous amène à examiner la manière selon laquelle les instruments identifiés aux chapitres IV et V demandent à être coordonnés à l'intérieur de la façon typiquement gandhienne de s'attaquer à la pauvreté. Pour y parvenir, il est toutefois nécessaire de définir la nature exacte de cette stratégie pour contrer la pauvreté.

1. L'action anti-pauvreté

Gandhi conçoit l'action anti-pauvreté selon les catégories d'activité suivantes :

1) la création d'opportunités d'emploi qui peuvent être utilisées par les pauvres pour augmenter leurs revenus ;
2) la production accrue de biens que les pauvres auront besoin de consommer et dont la demande augmentera lorsqu'ils obtiendront un plus haut niveau de revenus ;
3) la production accrue d'intrants dont les activités d'emploi de masse auront besoin pour soutenir le niveau croissant de production dans le secteur à haute densité de main-d'œuvre ;
4) la coordination des activités de crédit, de fourniture d'intrants, de mise en marché et d'investissement des épargnes qui permettront aux activités des trois premiers types de prospérer ;
5) l'application de mesures coordonnées pour s'assurer que les activités qui entrent en concurrence avec l'emploi de masse soient découragées et éliminées lorsque c'est possible.

Les actions décrites ci-dessus constituent la stratégie macroéconomique gandhienne de l'action anti-pauvreté.

En complément de cette stratégie et de concert avec elle, Gandhi conçoit un programme d'activités intensives de niveau micro pour le bien-être social. Les catégories fondamentales d'une telle action de travail social sont les suivantes :

1) l'organisation de petits groupes coopératifs de fermiers et d'artisans ;
2) l'activation des communautés locales comme unités de réflexion, de planification et d'action ;
3) la transformation des organisations économiques à grande échelle en unités de curatelle ;
4) le changement des habitudes de travail, de consommation et d'épargne des pauvres en particulier et de la communauté en général dans des directions exigées par la stratégie macro contre la pauvreté ;
5) la gestion des conflits de classes qui tendent à émerger dans les processus d'amélioration du sort des pauvres par des méthodes non violentes.

On peut considérer ce qui précède comme une stratégie contre la pauvreté se situant au niveau de l'activité microsociale.

La troisième et dernière composante de la stratégie gandhienne d'attaque de la pauvreté est la *subordination totale* de la politique publique aux buts définis ci-dessus. L'ensemble du processus (a) de levée d'argent public, (b) d'allocations de fonds publics à l'investissement dans les infrastructures productives et physiques, (c) de financement et de réalisations d'activités d'infrastructure et même (d) de maintien de la sécurité externe et de la loi et l'ordre à l'interne doit être perçu comme étant exclusivement destiné à appuyer la stratégie anti-pauvreté. Par conséquent, l'État ne devrait rien faire et ne rien permettre qui irait à l'encontre de la stratégie anti-pauvreté. On peut appeler cela la dimension politico-idéologique de la stratégie anti-pauvreté gandhienne.

Cette dernière dimension, qui n'a pas reçu beaucoup d'attention, signifie que le processus gandhien de reconstruction économique (même s'il est basé sur la décentralisation et la déconcentration du pouvoir économique et aussi sur une dépendance quasi totale des efforts microsociaux non violents pour atteindre les buts de la transformation sociale) nécessite néanmoins une planification *globale, rigoureuse* et *centralisée* de l'action publique à l'intérieur du système économique.

Demandons-nous un instant ce que cela veut dire exactement. La stratégie gandhienne est totalement et radicalement opposée à toute attitude de laisser-faire en ce qui concerne le développement. Mais en même temps, l'ensemble des actions que cette stratégie nécessite est incompatible avec un effort de développement complètement centralisé du type de celui avec lequel nous sommes familiers. Ce que cet effort suppose est un mélange unique d'actions de développement volontaristes et décentralisées à la périphérie du système économique et une planification rigoureuse simultanée du noyau central du système économique de manière à contribuer au succès des efforts de développement à la périphérie.

Une telle stratégie suppose un renversement de l'ordre usuel des relations entre les centres de décision et les périphéries que l'on rencontre dans les économies pauvres que l'on connaît présentement. Dans le système gandhien, le travail de développement primaire est constitué à la base par les activités de travail microsocial. Par leur nature même, ces activités doivent s'harmoniser avec les réalités locales et se développer, graduellement et à un rythme inégal, selon le degré de succès atteint par ceux qui travaillent à la reconstruction dans les divers milieux locaux. Ainsi cette partie du travail de développement (et c'est le secteur de base) n'est ni contrôlée ni planifiée centralement.

Le niveau d'activités suivant est constitué par une structure coopérative conçue comme ne concernant que les efforts de développement mis de l'avant par les méthodes du travail microsocial. Pour qu'ils créent leurs propres emplois et deviennent autosuffisants, il faut donc faire en sorte que les groupes de métiers d'agriculteurs et d'artisans soient organisés de telle sorte que des coopératives leur fournissent (en contrepartie) du crédit, des intrants et leur garantissent la mise en marché de leurs produits. L'idée est que ces activités ne peuvent progresser que dans la mesure où il y a déjà un besoin fortement ressenti pour de tels services au niveau local.

Cela signifie que la structure coopérative elle-même ne pourra opérer sans planification. Il faudra plutôt qu'elle surveille, coordonne, promeuve et anticipe ses propres programmes à la lumière de l'information qui provient de ses unités d'action dans les villages centraux et dans les villes du voisinage. Ce programme d'expansion, d'extension et de renforcement qualitatif des activités de la structure coopérative générera une « planification » à court et à long terme semblable à celle des grandes usines et des organisations commerciales à multiples extrants. Cependant, la planification ne visera qu'à maximiser la croissance et non à maximiser le profit.

Une fois rassemblés et coordonnés dans le cadre des modèles intrants-extrants, les plans du secteur coopératif fourniront un plan d'action dans les secteurs de la grande industrie, dans les infrastructures à grande échelle et dans les activités sociales de régulation financière. Cependant, ce « plan » – qui dépend des exigences émanant ultimement des activités microsociales qui deviennent, en passant par le secteur coopératif, des compilations de données nationales (ou « agrégats nationaux ») et des ensembles de données régionales (ou « agrégats régionaux ») – sera très proche du modèle collectiviste. Le secteur public sera le principal instrument de cette activité de soutien et on exigera que le secteur privé à grande échelle fonctionne selon des normes rigides de production, de productivité, de réinvestissement et de distribution des revenus.

En retour, ce plan centralisé et quasi collectiviste fournira des indicateurs pour le processus de planification du secteur coopératif. Ces indicateurs fourniront l'information paramétrique concernant la façon dont les activités des grandes infrastructures industrielles et physiques devront se développer et concernant les paramètres qui devront être respectés dans la planification des affaires du secteur coopératif. Enfin, la planification des activités commerciales du secteur coopératif (en lien avec le plan central quasi collectif) fournira aux activistes locaux des paramètres indicatifs sur les opportunités qui seront probablement disponibles.

Ce schéma, qui n'a nulle part été formulé en détail, mais qui est toujours implicite dans le cadre de la pensée gandhienne touchant les stratégies anti-pauvreté, représente la contribution gandhienne ultime et la plus pertinente à la théorie du développement. Il résout les problèmes classiques et insolubles qui ont tourmenté jusqu'à maintenant les analystes politiques du domaine des méthodologies de la planification économique. Ces problèmes difficiles sont les suivants :

1) comment une décision concernant la direction dans laquelle on souhaite orienter le progrès économique peut-elle être communiquée du bas vers le haut tout en lui permettant simultanément de descendre du haut vers le bas en ce qui concerne les aménagements et les opportunités disponibles pour le développement de base ?
2) comment les stratégies d'utilisation effective du crédit, de la mise en marché des intrants et de la production peuvent-elles se combiner avec la planification centralisée des agrégats économiques nationaux ?
3) comment un contrôle strict des activités économiques à large échelle peut-il se combiner avec un cadre libre pour les énergies entrepreneuriales au niveau des activités nationales à petite échelle ?
4) enfin, comment l'autonomie et la variation au niveau du développement de la zone, de la région et de la microrégion peuvent-elles se combiner avec une politique globale unifiée au niveau national ?

À partir de ce qui a été dit plus haut, il est clair que l'approche anti-pauvreté gandhienne fournit des solutions claires, élégantes et pratiques à cet ensemble de dilemmes apparemment insolubles. Elle conduit à de bien meilleurs résultats que les discussions contemporaines touchant les stratégies de développement qui ne sont jamais parvenues à résoudre ces contradictions.

2. Les instruments du travail microsocial

L'ensemble du travail microsocial gandhien (base d'opération, modes d'opération et instruments) consiste concrètement en activités constructives volontaires dont la base d'opérations est un *seva ashram* au service d'un regroupement de villages ou d'un regroupement de quartiers urbains. Ces activités sont planifiées et guidées par deux séries de considérations : (a) le niveau d'« éveil » de l'esprit de collaboration et de la conscience communautaire dans une région donnée et (b) les opportunités de développement qui peuvent être mobilisées par la structure coopérative. À ce niveau, la structure de l'activité consiste en la démonstration par l'exemple, la propagande et l'éducation, et dans le rôle de catalyseur que peut jouer dans le peuple la direction de groupes associatifs démocratiques et orientés vers la communauté. L'idée est de rendre les communautés locales *conscientes* de ce qu'elles peuvent réaliser par leurs propres efforts et des opportunités objectives qui existent dans la structure coopérative pour compléter de tels efforts.

La coordination de cette activité avec la structure coopérative dans cette région est ultimement réalisée grâce au plan de développement de la région qui se fait au niveau du regroupement de villages (plan qui, dans la région, est mis en place conjointement avec les représentants de la communauté locale et les représentants de la structure coopérative) qui fournit un cadre systémique pour planifier la production, la consommation, l'investissement et les services dans le regroupement de villages. Les ressources pour de telles activités sont couvertes conjointement par (a) les ressources mobilisées pour le développement par les communautés locales et (b) les ressources rendues disponibles grâce à la structure coopérative.

Ainsi, le premier niveau de la planification du développement est représenté par la planification régionale au niveau des regroupements ruraux. Il est constitué par la coordination de quatre instruments : (i) les activités du *seva ashram*, (ii) les plans communautaires au niveau des villages, (iii) le plan pour les infrastructures des regroupements ruraux et (iv) les plans formulés par les coopératives pour la production, le marketing et le réinvestissement.

Cette coordination est réalisée principalement par les activités catalysantes des *seva ashrams*. Ce sont donc les *seva ashrams* qui sont les leaders ultimes, mais indirects, du processus de développement au niveau micro. Sans lutter pour le pouvoir ni rechercher les bénéfices de la domination, ils doivent faire le travail d'une élite locale et donc recréer et transformer les élites locales selon les modèles propres au développement gandhien.

3. La coordination au niveau intermédiaire

Le niveau suivant des instruments de coordination est celui, plus important de la réunion de plusieurs regroupements ruraux, qui correspond en fait aux districts contemporains. Ici, deux instruments sont ajoutés aux instruments du premier niveau de planification et coordonnés avec eux : (v) les plans d'infrastructure du gouvernement et (vi) les activités de mobilisation du crédit des banques commerciales.

L'objectif est dans ce cas de permettre aux agences officielles qui s'occupent des infrastructures et au système bancaire (a) de présenter une projection des besoins d'une région en termes de plans des regroupements ruraux et (b) de fournir aux planificateurs de ces regroupements ruraux l'information nécessaire sur le progrès projeté des infrastructures et des activités bancaires dans la région. Une telle collaboration aboutit à la réalisation d'une ébauche de plan concernant le progrès d'un district pour guider les planificateurs du groupe de villages, les agences bancaires officielles et les banques commerciales.

Les ébauches de plan pour le progrès du district sont coordonnées au niveau régional qui regroupe de 10 à 15 districts. C'est le niveau où la planification concernant l'agriculture et les activités de la petite industrie entre en relation avec les plans pour la grande industrie et les infrastructures lourdes. Cela suppose une coordination entre les activités de planification (a) de la structure coopérative, (b) des grandes unités industrielles, (c) des agences officielles de planification et de mise en œuvre pour l'industrie et les infrastructures à grande échelle, (d) du système bancaire et (e) des autorités de la planification nationale. C'est le niveau où entre en jeu la planification formalisée (qui est différente des ébauches de plan rédigées à l'issue des rencontres) où l'on étudie les relations intrants-extrants et où on les met à contribution.

Les plans régionaux sont « autonomes » au sens où les modèles d'allocation [des ressources] et les actions de développement impliquées sont élaborés seulement selon les lignes directrices générales qui émanent de la planification au niveau national. La planification régionale est « non autonome » dans la mesure des limites en matière de ressources à l'intérieur desquelles elle se fait, tandis que les investissements de la grande industrie dans le secteur public à l'intérieur de sa région et les schémas d'infrastructure du niveau national qui affecte la région sont déterminés par les agences nationales de planification, comme les paramètres selon lesquels se prennent les décisions régionales de planification. Bien sûr, les régions elles-mêmes fournissent aux planificateurs au niveau national des projections de leurs besoins concernant ces variables. Les paramètres déterminés par les planificateurs au niveau national représentent donc les conséquences des projections qui émanent du niveau régional de planification.

4. La planification nationale

La planification nationale ne touche donc que les secteurs de l'industrie à grande échelle, de l'infrastructure des grandes régions et la levée de ressources pour de telles activités. Les besoins et les orientations du progrès sont déterminés par la coordination des plans régionaux et des projections concernant les ressources disponibles.

Cependant, ce plan lui-même ne contient aucun laisser-faire. Il apparaît comme l'établissement de normes claires et nettes touchant la quantité de fonds qui doivent être levés (du secteur à grande échelle lui-même) et touchant la façon dont chaque unité du secteur à grande échelle doit y contribuer. De même, les niveaux de sortie de chaque unité à grande échelle, sa politique de prix, sa politique de distribution des revenus et sa politique d'investissement sont tous spécifiés avec un haut degré d'exactitude par les planificateurs nationaux.

C'est à ce niveau que nous rencontrons une autre idée gandhienne typique. Il faut se représenter le « cœur » de ce secteur de planification nationale comme disposant de ses propres ressources et ne dépendant pas d'une mise sous pression de la périphérie pour son développement. De cette façon, la coordination des instruments de planification est régie selon le principe du contrôle maximal et du sacrifice de soi des secteurs centraux dans l'intérêt de la périphérie. Le plan au niveau national est donc un plan qui subordonne le développement des activités à grande échelle aux besoins du développement national tels que révélés par la coordination du niveau des regroupements ruraux, des districts et des régions et non comme une tentative pour dicter de quelle façon l'économie nationale devrait changer pour servir la croissance du secteur central.

5. Le renversement des valeurs[1]

C'est ce renversement des valeurs qui définit les traits distinctifs de l'approche gandhienne de la planification. Chaque trait de la structure traditionnelle de la planification du développement est utilisé, mais la logique opérationnelle de cette structure est nettement inversée de sorte que (a) ce sont les modèles de développement de la périphérie qui guident le modèle de développement du modèle central, que (b) ce sont les secteurs volontaristes et se développant librement de l'emploi de masse qui guident le développement centralement dirigé de la grande industrie et des infrastructures et que (c) ce sont les initiatives de développement des masses de la périphérie qui pèsent sur les décisions de l'élite du centre.

Aussi longtemps que nous continuons à croire que ce sont les décisions du secteur central sur son propre développement qui doivent guider les processus de la planification nationale, il est impossible d'appliquer sincèrement les principes gandhiens de la reconstruction économique. La domination du centre sur la périphérie, de la grande industrie sur la petite et de la ville sur le village constitue le principe sur lequel repose l'exploitation des minorités. Si ces formes de domination ne sont pas remplacées par leur contraire, aucun remède à la pauvreté n'a de chance d'être efficace.

C'est à ce renversement des valeurs auquel Gandhi faisait référence lorsqu'il parlait de la nécessité de l'orientation vers le village, des principes de la curatelle et d'un « changement de mentalité[2] » de la part de l'élite. Sans un tel renversement des

---

[1] « *Transvaluation of values* ».

[2] Évidemment, l'auteur de cette étude traduit littéralement *hṛdaya-parivartana* (*hriday-parivartan*) par « change of heart » ou changement de cœur. Mais selon les dictionnaires traditionnels, le cœur, en tant que lieu de la pensée, est

valeurs, le simple remplacement d'une élite par une autre à la suite d'une « révolution politique » ne contribuera nullement au bien-être des masses.

La pensée économique gandhienne se préoccupe énormément de la détermination (a) du contenu exact du renversement des valeurs dont l'importance a été soulignée plus haut et (b) du *modus operandi* selon lequel une telle transformation deviendra possible. Même si elles n'entrent pas dans notre conception de ce qui constitue l'objet d'étude de l'« économie », ces questions font intégralement partie des schèmes de pensée que Gandhi considérait comme sa contribution fondamentale à la science économique.

Au point où nous en sommes, l'attention porte sur la première de ces deux questions : la détermination du contenu du changement d'attitude nécessaire pour une utilisation et une mise en œuvre effective de l'approche gandhienne de la reconstruction économique. Plutôt que d'aborder la question en termes de considération éthico-métaphysiques, comme on a eu l'habitude de le faire jusqu'à maintenant, nous voulons l'aborder dans un esprit empirique et opérationnel. Il nous faut donc reformuler le problème de la définition de la direction nécessaire et du contenu du renversement des valeurs comme un problème de définition opérationnelle des priorités auquel l'économie de reconstruction gandhienne entend répondre.

Une fois le problème formulé de cette manière, il devient évident qu'il y a des distinctions importantes entre les priorités économiques qui intéressent Gandhi et celles qui ont régné jusqu'ici dans les théories conventionnelles du développement. Le produit final du processus gandhien de reconstruction économique n'est pas une économie prospère conventionnelle de type occidental. C'est plutôt une économie qui est au service d'une notion bien différente, celle du bien-être économique du plus grand nombre.

---

synonyme de *manas* et de *citta*. Ce n'est donc pas gratuitement qu'on traduit souvent l'expression de Gandhi par « changement de mentalité » (A. Couture).

CHAPITRE VII.
LES OBJECTIFS ULTIMES DU PROGRÈS ÉCONOMIQUE

Nous avons considéré jusqu'ici l'approche gandhienne du développement économique comme s'il ne s'agissait que de trouver une réponse opérationnellement efficace à la pauvreté du plus grand nombre. Cependant, nous devenons graduellement conscients (a) que cette stratégie de développement doit, pour réussir à s'imposer, propager un certain ensemble d'attitudes concernant la vie économique et l'action économique et (b) que ces attitudes sont elles-mêmes le système par lequel la voie gandhienne vers le progrès économique obtiendra sa propre validation.

Une telle relation à double voie entre l'idéologie et l'analyse opérationnelle est, bien sûr, une caractéristique de tous les « grands systèmes » de pensée économique. Comme les travaux de Marx, Sombart, Shumpeter et Weber le démontrent amplement[1], il est impossible de penser le développement capitaliste à l'intérieur d'une société qui ne partage pas l'éthique protestante de l'ascétisme intramondain. En complément, c'est cette « éthique » elle-même qui constitue la matrice de validation au moyen de laquelle on finit par interpréter le développement capitaliste en termes de progrès économique. De même, la nécessité d'une « révolution culturelle » pour amener le peuple à penser en termes socialistes est maintenant reconnue par tous les socialistes comme un préalable au succès du développement socialiste.

Il n'est pas étonnant alors que la même relation existe entre l'idéologie et la logique opérationnelle de l'économie gandhienne. Ce troisième grand système se présente comme une solution de remplacement à l'individualisme et au socialisme. Nous devons donc saisir la structure de ce grand système pour comprendre pleinement les fondements de l'économie gandhienne.

---

[1] K. Marx, *Capital*, Volume I ; W. Sombart, *Merkantilismus*; J. Schumpeter, *Imperialism and the Theory of Social Classes*; M. Weber, *The Protestant Ethic and the Spirit of Capitalism.*

1. Le système individuel et le microgroupe

La relation entre ces trois grands systèmes peut facilement se comprendre à partir de leurs conceptions divergentes de l'unité fondamentale selon laquelle on peut comprendre l'action humaine dans la sphère économique. Le système individualiste prend l'individu autonome comme unité d'analyse, ce qui conduit, étape par étape, à identifier la catégorie d'actions économiques comme la prise de décision de l'individu concernant les options qui s'offrent à lui, à décrire le comportement économique en termes de choix subjectifs entre diverses solutions de remplacement, à penser le système économique comme un « régulateur automatique » des décisions de plusieurs individus et, enfin, à identifier le bien-être social à la maximisation des services aux individus. Le système socialiste commence à l'autre extrémité. Il prend le système dans son ensemble comme l'unité d'analyse de base. De même, ce choix le conduit inévitablement à décrire le progrès économique en termes de croissance des forces de production, à identifier les relations économiques à des « relations de production », à décrire le problème économique fondamental comme l'extraction et la disposition de la somme sociale de la « plus-value » et, enfin, à considérer l'accroissement le plus rapide possible du produit social comme la cible de la politique économique.

Du point de vue du système de pensée gandhien, ces deux systèmes ne tiennent pas suffisamment compte de la caractéristique fondamentale du comportement économique humain. Il ne s'agit ni de supprimer l'individu autonome cherchant à titre le maximum de bénéfices à l'intérieur d'une économie de marché parfaitement autorégulée ni de supprimer de façon irréaliste les méthodes de production et le fait que celles-ci produisent, par leur mouvement autonome, des changements dans l'organisation de la production, des altérations dans les relations de « classes » et des transformations dans la taille et la distribution du produit social. La caractéristique fondamentale du comportement des êtres humains dans la sphère économique consiste dans la relation de l'individu à des microgroupes socioéconomiques et dans les relations des microgroupes à la société. L'acte économique fondamental n'est ni le choix entre des solutions économiques de remplacement ni la distribution sociale du produit économique national. C'est l'ajustement (parfois heureux, parfois malheureux) entre les individus et les microgroupes auxquels ils appartiennent et celui de ces microgroupes à la société qui est l'acte économique fondamental. Le thème fondamental de la vie économique est la « collaboration ».

2. Le microgroupe en tant que fait incontournable

Bien sûr, on sait que les microgroupes existent. Ils persistent tant dans les sociétés où la théorie dominante est l'individualisme que dans celles où c'est le collectivisme. En réalité, ce sont des faits qui remettent en cause toute tentative de description du comportement humain aussi bien d'un point de vue individualiste que d'un point de vue socialiste.

Les microgroupes typiques sont les « villages tribaux », les groupes de « seigneurs et de serfs » dans la société féodale, « les bandes de travailleurs » dans l'opération capitaliste des chemins de fer, « l'épicier du voisinage et sa clientèle » dans une structure capitaliste de marché, la « brigade de travail » dans une entreprise collectiviste, la « commune » dans une société socialiste de type Mao. Ces exemples démontrent la vitalité du phénomène de la formation de microgroupes et l'immense persistance de tels groupes.

Le microgroupe a toujours été reconnu comme un fait de la vie. Cependant, il a été rejeté comme de peu d'importance pour l'analyse sociale par toute une gamme d'économistes allant d'Adam Smith à Keynes (pour la tradition capitaliste) et de Marx à Staline (pour la tradition socialiste), car la reconnaissance de l'importance fondamentale des microgroupes signifierait la ruine totale de leurs visions simplistes et nettes de l'ordre économique (Pruin, 1975).

Des deux côtés de ce clivage idéologique, c'est seulement graduellement que la science sociale est devenue consciente de la présence inéluctable des microgroupes dans toute théorie de l'action sociale qui espère être efficace et opérationnelle. La science bourgeoise de la gestion commence à reconnaître le fait que le travailleur de l'entreprise capitaliste répond plus efficacement aux initiatives des gestionnaires lorsqu'on l'aborde comme membre du microgroupe auquel il appartient dans l'organisation. De l'autre côté du « rideau de fer », les gestionnaires socialistes rencontrent les mêmes faits. Des études du comportement dans les régimes socialistes et capitalistes, portant sur des sujets qui vont de la consommation de cigarettes à l'acceptation de la propagande touchant la limitation des naissances, arrivent à la conclusion que l'influence déterminante finale est celle du microgroupe. Mais rien de tout cela ne peut influencer la théorie fondamentale du comportement économique. Elle continue d'être fidèle aux analyses classiques. Par contre, Gandhi propose de placer le microgroupe au fondement de sa philosophie économique parce qu'il discerne dans le comportement du microgroupe certains modes d'action et de prise de décision qu'il croit fondamentaux pour l'humanisation de la vie économique.

3. Le comportement du microgroupe en tant que comportement non violent

Ce qui caractérise le comportement des êtres humains à l'intérieur des microgroupes et attire l'attention de Gandhi, c'est son comportement « non violent ». Plus particulièrement, il apparaît clairement que l'existence d'un microgroupe amène un individu appartenant à ce groupe à identifier son intérêt économique à celui du microgroupe. Bien sûr, cela est rarement assez parfait, ce qui laisse toujours place à des conflits entre les intérêts de l'individu et ceux du groupe. Il peut arriver que les choix faits par certains groupes de collaborateurs soient considérés comme représentant le bien de l'ensemble du groupe, alors qu'ils sont commandés par certains intérêts typiquement individuels ou par certaines formes de comportement collectiviste.

Premièrement, il faut noter que dans le cas des choix et du comportement des microgroupes qui travaillent en collaboration, les quatre fameux axiomes de Bourdette s'appliquent, à savoir que l'on opte de préférence pour la croissance, pour l'égalité, pour le partage, et que l'on cherche à éviter les pertes. Ces axiomes, qui sont reconnus comme la meilleure description des choix de groupes qui travaillent en collaboration, ont une signification considérable du point de vue méthodologique. On peut expliciter ces axiomes de la façon suivante :

1) le groupe préfère qu'une augmentation de son revenu soit partagée le plus également possible entre les membres du groupe ;
2) le groupe évite tout accroissement de son revenu global qui tend à faire augmenter l'inégalité des revenus à l'intérieur du groupe ;
3) parmi les façons de réduire également les réductions des revenus du groupe, le groupe accepte celle qui réduit le plus les inégalités dans le groupe ;
4) toutefois, à moins qu'il en soit forcé, le groupe refuse de prendre toute mesure qui augmente l'égalité dans le groupe au détriment de son revenu de groupe.

Ces axiomes, qui sont dans l'esprit de la description également fameuse des règles de comportement d'une coopérative de producteurs idéale énoncées par Schultz-Delitz[2], s'approchent de très près d'une description en termes formels de l'idéal gandhien du comportement économique non violent. Gandhi décrit lui-même cet idéal en utilisant des expressions comme « le sacrifice du fort dans l'intérêt du faible », « la préservation de l'intérêt du groupe au prix de la perte d'un gain individuel », etc. Lorsqu'on les analyse, ces expressions peuvent toutes être considérées comme autant d'exemples des quatre axiomes sur lesquels repose un choix fait en collaboration.

Notre conviction que la « non-violence » gandhienne opère à l'intérieur des « règles du comportement d'une collectivité » se trouve renforcée du fait que Gandhi insiste fréquemment sur l'idée que son concept de non-violence doit se définir en termes positifs et non en termes négatifs comme l'absence de tout acte particulier physiquement violent (Gandhi, 1951). La sémantique de la non-violence est un sujet fascinant et sera examinée au chapitre XI. Le

---

2 International Cooperative Union, *Fundamentals of Cooperation*, Geneva, 1953.

lecteur intéressé pourra également se reporter à l'annexe D où sont discutées certaines de ces questions.

Il suffit de noter ici que la description de la non-violence en termes positifs change toute la conception des méthodes non violentes de changement du comportement. Cette idée implique non pas une distinction entre coercition et persuasion, à laquelle elle est faussement identifiée, mais une décision de n'appliquer que les techniques de coercition et de conflit qui sont permises dans des microgroupes collaboratifs.

Cette interprétation de la non-violence nous permet d'expliquer la raison pour laquelle Gandhi aimait tant décrire son approche de la reconstruction économique comme un effort visant la construction d'une économie non violente et pourquoi les microgroupes jouent un rôle aussi important dans cet idéal.

4. Les idéaux du progrès économique

Gandhi formule de la manière suivante son idéal du progrès économique. D'une part, le système économique doit être de plus en plus organisé de manière (a) à ce que les microgroupes soient reconnus comme les unités fondamentales du système économique et (b) à ce qu'on leur permette de développer tout leur potentiel de comportement non violent à l'intérieur du groupe. D'autre part, son traitement du « bien-être social » est fondé sur l'hypothèse que le système social devrait fonctionner comme un microgroupe collaboratif avec ses membres. De microgroupes soient reconnus comme les unités fondamentales du système économique et (b) à ce qu'on leur permette de développer tout leur potentiel de comportement non violent à l'intérieur du groupe. D'autre part, son traitement du « bien-être social » est fondé sur l'hypothèse que le système social devrait fonctionner comme un microgroupe collaboratif avec ses membres. De plus, les priorités économiques qui sont établies en traitant la société comme un microgroupe collaboratif sont elles-mêmes représentées comme exigeant la sorte d'organisation économique que Gandhi veut mettre en place pour une implantation correcte.

Gandhi croyait que cette approche intégrée lui avait permis de développer une théorie générale d'une économie non violente. Cette conviction avait pour lui une importance primordiale, puisqu'il avait été élevé dans la tradition *vishnouite* du Gujarat[3]. C'est selon les principes de cette tradition qu'il abordait les questions éthiques. Cependant, l'élément *vishnouite* de sa pensée ajoutait à son concept de non-violence certains traits mystico-religieux non pertinents. C'est ainsi que l'élimination de la viande, du poisson et des œufs faisait partie intégrante de son engagement pour la non-violence. Chez certains de ces disciples, cet élément mystique est devenu plus important que la proposition réellement significative à laquelle il était parvenu : que la non-violence dans la sphère économique ne peut prospérer que dans une société de microgroupes.

5. La structure organisationnelle d'une économie collaborative

En s'appuyant sur la proposition qui précède, Gandhi en vient à considérer un système économique organisé en microgroupes comme l'unité fondamentale de la non-violence. Bien sûr, le problème de la violence (c'est-à-dire du comportement égoïste, non collaboratif, exploiteur) d'un microgroupe par un autre ou par un ensemble de microgroupes contre d'autres reste présent. La seule façon de s'attaquer à ce problème est d'organiser le système économique dans son ensemble comme une hiérarchie de microgroupes imbriqués les uns dans les autres.

C'est pour cette raison que les coopératives d'agriculteurs et d'artisans sont les microgroupes fondamentaux du système économique dans la structure conceptuelle gandhienne. Les communautés locales constituent les microgroupes du deuxième niveau. Les regroupements ruraux (dont il a été question aux chapitres IV et V) constituent les microgroupes du troisième niveau. La hiérarchie se poursuit en cercles imbriqués les uns dans

3 Gandhi est né d'une mère fidèle aux rites vishnouites et son grand attachement à l'enseignement de Krishna dans la *Bhagavad Gîtâ*, ainsi qu'à une nourriture végétarienne et à la non-violence, trahit sans doute l'influence qu'elle a eue sur lui.

les autres jusqu'au niveau national. La théorie politique gandhienne met l'accent sur un système de démocratie indirecte (*panchayati raj*[4]) qui est l'exact parallèle de la structure hiérarchique du système économique conçu par Gandhi.

Gandhi avait l'habitude de décrire ce système d'organisation d'une économie en termes de « cercles océaniques[5] ». L'idée est que la planification et la prise de décisions économiques (quel que soit le niveau hiérarchique) ont toujours lieu dans un contexte où des microgroupes existent et dans des rencontres entre de tels groupes. C'est ainsi que surgit la possibilité d'un comportement économique non violent (collaboratif) à toutes les étapes de la planification et de la prise de décisions économiques. Une telle structure organisationnelle ne réussit toujours pas à prendre en considération deux organisations économiques à large échelle qui ne peuvent pas être incluse dans la structure hiérarchique des microgroupes : (a) les unités industrielles et l'infrastructure à large échelle et (b) les organisations à large échelle qui répondent aux besoins de crédit et de marketing des entreprises à petites échelles, des coopératives et des groupes d'artisans.

6. La curatelle

De toute évidence, on ne peut pas s'attendre à ce que le comportement des organisations économiques à large échelle reproduise celui des microgroupes sociaux. Leur fonctionnement efficace exige à la fois une discipline hiérarchique et la domination d'un sous-système de gestion centralisé. Toute théorie du fonctionnement des organisations économiques non violentes devra donc résoudre les trois problèmes suivants. Premièrement,

---

[4] Un système de gouvernement (*râj*) fondé sur un groupe de cinq officiers (*pañcâyat*) (NdT).

[5] Contrairement à l'image comparant la vie à une pyramide soutenue par une base qui serait le monarque, Gandhi préfère dire que la vie est comme un cercle océanique au centre duquel est l'individu, un individu prêt à périr pour le cercle des villages qui l'entourent jusqu'à former un ensemble d'individus libres et responsables. On peut comprendre que l'engagement de l'individu est comparable au caillou lancé dans l'océan et formant inévitablement autour de lui des cercles qui s'agrandissent jusqu'à rejoindre les limites de l'océan (André Couture).

les gestionnaires ne devront pas faire fonctionner l'organisation en fonction de leurs intérêts personnels et de leur recherche du pouvoir. Deuxièmement, les conflits de classes devront être contrôlés et désamorcés à l'intérieur de chaque organisation. Enfin, il faudra empêcher l'organisation dans son ensemble d'agir d'une manière violente qui menacerait la stabilité et la sécurité du secteur à petite échelle.

Pour faire face à ces problèmes, Gandhi a proposé le principe de « curatelle ». Fondamentalement, ce principe signifie trois choses. En premier lieu, on ne peut laisser l'organisation dans son ensemble libre de fixer ses propres buts. Ceux-ci doivent plutôt être définis par le système de planification. Cette précaution établit un contexte dans lequel les membres de telles organisations peuvent clairement voir leur propre rôle comme celui de curateurs d'une communauté d'intérêts dont les cibles et les normes sont définies par le système de planification. Deuxièmement, le concept de curatelle fait en sorte que les deux groupes d'intérêts majeurs dans les unités à grande échelle (les syndicats de travailleurs ainsi que les propriétaires et les gestionnaires) soient directement impliqués dans des rencontres individuelles de planification des extrants, de la productivité et de la distribution du revenu. Troisièmement, le double contexte de la planification à l'extérieur et à l'intérieur doit être coordonné de manière à ce que les propriétaires et les gestionnaires en viennent à développer une conscience pratique de leur responsabilité de curateurs, tant au niveau micro qu'au niveau macro.

Un tel modèle sera essentiel pour toutes les unités économiques à large échelle, qu'elles soient possédées par l'État ou par des entrepreneurs privés. Il en est ainsi parce que, sans le principe de la curatelle, une composante du secteur public peut se comporter d'une manière aussi violente et aussi gourmande qu'une composante du secteur privé, même si la forme et la manifestation de sa gourmandise et de sa violence peuvent être différentes.

7. Les institutions de service

Cependant, la structure coopérative qui s'occupe des activités de crédit et de marketing du secteur à petite échelle n'est pas couverte adéquatement par le principe de la curatelle. Le principe approprié ici est celui de la maximisation du potentiel de service de l'organisation envers sa clientèle. Cela signifie que l'organisation doit être commercialement efficace et faire suffisamment de profit pour croître et améliorer son niveau de service. En même temps, ce profit doit totalement être réinvesti dans l'amélioration et l'expansion des services fournis par ces institutions. En termes plus modernes, on dirait que ce sont des organisations qui font du profit, mais qui n'en retirent pas.

La différence entre le format de la curatelle et celui des institutions de service s'explique par deux faits. Premièrement, dans le contexte de ces organisations, la question des relations entre les syndicats et la gestion dans sa forme classique ne se pose pas. Deuxièmement, comme de telles organisations doivent réagir d'une manière souple à différents profils d'opportunités dans différentes régions, leurs activités ne peuvent être soumises à un ensemble de normes définies centralement.

En conséquence, la seule façon de soumettre de telles organisations au contrôle social est de les structurer comme des organisations décentralisées et localement autonomes fonctionnant en parallèle avec la hiérarchie des groupes de village, des districts et du processus de planification des zones. De cette manière, chaque unité locale du groupe de village, du district et de la zone peut directement s'impliquer dans le processus de planification à chacun de ces niveaux. Ce sont les rencontres de participation à la planification qui introduisent l'élément de contrôle social dans les activités de ces organisations.

Nous pouvons donc voir que toute la structure du système gandhien d'organisation économique est conçue de manière à induire l'entreprise collaborative comme modèle directeur du comportement économique à tous les niveaux. C'est pourquoi on peut la considérer comme une application cohérente du principe de non-violence comme logique sous-jacente au système économique.

8. Les priorités économiques d'une économie collaborative

Il est évident que les priorités d'un système économique collaboratif concernant le modèle du progrès économique seront différentes de celles du système individualiste et du système collectiviste. On peut dire fondamentalement que c'est la satisfaction du consommateur qui régit le système individualiste, alors que le système collectiviste vise d'abord la croissance et que le système collaboratif est orienté vers la pleine utilisation de la main-d'œuvre disponible. En d'autres termes, alors que le système individualiste évalue le progrès en termes de consommation par personne et que les sociétés socialistes le mesurent par le taux de croissance du produit national brut, l'ordre économique collaboratif vise d'abord à atteindre la pleine utilisation de la main-d'œuvre disponible.

Cette recherche en priorité de la main-d'œuvre disponible découle du fait que l'oisiveté d'un membre adulte de la société est un fardeau direct et évident pour un microgroupe organisé selon les principes de la collaboration mutuelle. Il est donc dans l'intérêt de tous les membres actifs de tels microgroupes qu'on fournisse des possibilités d'emploi ou de travail indépendant à chacun de ses membres adultes pour que chacun puisse prendre sa place comme membre à part entière et égal du microgroupe collaboratif.

Ni le système individualiste ni le système collectiviste n'exercent une telle pression en vue de la pleine utilisation de la force de travail. Dans une société individualiste, il est contraire aux intérêts de ceux qui occupent un emploi de permettre aux chômeurs d'entrer sur le marché du travail et de faire diminuer le salaire de ceux qui ont déjà un emploi. C'est pour cette raison que les syndicats de travailleurs utilisent des pratiques discriminatoires et d'autres barrières pour limiter l'entrée des chômeurs dans le marché du travail. Dans une société collectiviste, employer un travailleur ou le garder oisif équivaut à se demander si son travail rémunéré ajoutera quelque chose au produit national et si le fait qu'il soit au chômage ne contribuera pas à augmenter la consommation. Si l'augmentation du travail nuit à la croissance, il peut être dans l'intérêt de la maximisation de la croissance de permettre à certains travailleurs de rester oisifs. Pas plus qu'une société organisée selon les principes de la collaboration, les microgroupes collaboratifs ne peuvent tolérer le chômage et le sous-emploi.

La priorité d'un système collaboratif est donc de réduire le chômage le plus rapidement possible. Nous avons vu que cette réduction se heurte à une exigence précise : l'accroissement du capital ne peut se faire qu'à un certain rythme, qui ne doit nécessairement pas dépasser celui du taux de croissance de la force de travail.

Aussi longtemps qu'une économie collaborative souffre de chômage structurel, la croissance du revenu par personne ou de la consommation par personne n'a aucune pertinence en tant que priorité économique. Il en est ainsi parce qu'à moins d'être intégrée à un processus d'élimination du chômage structurel, une croissance économique rapide contredirait les axiomes du choix collaboratif. Un groupe collaboratif évite tout accroissement de son revenu qui conduit à des inégalités à l'intérieur du groupe. On peut expliquer de la même manière la répugnance d'un groupe collaboratif pour des formes de consommation qui ne peuvent pas être partagées par la majorité des membres du groupe.

Il est incorrect d'interpréter le manque apparent d'intérêt de Gandhi pour la croissance ou la consommation comme lié à une préférence métaphysique pour une « vie austère » ou comme une anticipation des idéologies modernes de « limites à la croissance ». La première interprétation semble validée par ses références fréquentes à la « limitation des besoins » comme principe de vie nécessaire et la seconde par ses références occasionnelles aux effets délétères de la pollution industrielle sur des environnements urbains malsains. Il vaut la peine de noter la raison pour laquelle ces deux interprétations sont fondamentalement inacceptables.

Contre l'interprétation qui fait de lui un précurseur des alarmistes concernant la « pollution » et l'« épuisement des ressources », il faut noter que Gandhi ne partage pas les inquiétudes de ces alarmistes concernant la croissance de la population comme facteur à considérer comme une priorité urgente. Quiconque réfléchit en termes d'épuisement des ressources limitées de l'environnement planétaire, comme le font les idéologues modernes qui voudraient limiter la croissance, doit considérer le taux de naissance comme la plus grande calamité possible. C'est ce que Gandhi refusait énergiquement de faire. Il ne peut donc pas être considéré comme un théoricien d'un taux limité de croissance de l'économie.

Il vaut également la peine de noter que la cible d'élimination de la pauvreté fixée par Gandhi exige en fait des taux de croissance très rapide. Il faut se souvenir que Gandhi considérait déjà en 1930 un revenu d'une roupie par jour par personne comme le niveau de vie « minimum décent ». Ce revenu de 365 roupies par année en 1930 équivaut aujourd'hui à cinq fois ce montant, soit 1825 roupies. Il s'agit également d'un « minimum » et non un niveau moyen par personne. En 1977 (après les trois décennies de développement qui ont suivi l'indépendance), l'Inde n'est même pas à mi-chemin par rapport à cette marque. Gandhi n'a rien d'un opposant à la croissance. Son intérêt pour la limitation des besoins s'enracine tout simplement dans la légitime conviction qu'il sera toujours impossible d'élever au niveau nécessaire la consommation des pauvres par personne si les membres des autres classes ne limitent pas dans une certaine mesure leur propre consommation et ne s'abstiennent pas d'une consommation ostentatoire. Il n'y a rien de « métaphysique » dans une telle conviction. C'est un truisme arithmétique qu'une croissance qui privilégie la croissance de l'emploi conduit à une croissance rapide de la consommation des nécessités de base et à une croissance lente des éléments luxueux de la consommation. En ce sens, cette conviction est un appel à l'abandon de la consommation des produits de luxe comme but suprême de la vie.

Le système gandhien ne reconnaît que deux priorités : la réduction du chômage et une provision suffisante (en termes d'accumulation du capital) pour le futur. Ce système accorde également une priorité à la mise en place du cadre institutionnel de l'économie collaborative comme idéal complémentaire. Ces trois priorités constituent le système total, l'idéal étant l'établissement d'une économie de non-violence.

9. Le modèle gandhien considéré comme un tout

Le modèle gandhien de développement peut se résumer dans les termes suivants :

1) ce système est basé sur le développement d'un système économique collaboratif et sur un modèle d'institutions spécifique ;
2) ces institutions comprennent (a) des groupes coopératifs de petits agriculteurs et d'artisans, (b) des institutions coopératives de crédit et de marketing, (c) des industries à grande échelle dans le secteur privé et le secteur public organisées selon le principe de la curatelle et (d) des systèmes d'infrastructures gérées par l'État pour de grandes régions ;
3) la coordination du système économique se fait selon trois types de processus de planification : (a) les plans régionaux des communautés locales et des regroupements ruraux, (b) la planification du marketing et du réinvestissement par la structure coopérative et (c) la planification centralisée des grandes industries. Ces trois processus sont censés interagir dans un système de planification hiérarchique au niveau des regroupements ruraux, du district et de la zone ;
4) l'objectif de la planification est perçu comme l'atteinte du chômage zéro dans le plus court laps de temps possible ;
5) l'accélération du taux de croissance de l'emploi est censée être atteinte principalement par la réallocation de l'investissement et l'encouragement des innovations techniques appropriées plutôt que par la croissance du taux d'investissement ;
6) la mobilisation des ressources pour le secteur à petite échelle doit être considérée comme appartenant à la planification du réinvestissement des agences coopératives. Les besoins locaux en infrastructure sont satisfaits par la levée de ressources locales au niveau des regroupements ruraux et par la mobilisation de ressources publiques uniquement pour l'industrie et l'infrastructure à grande échelle ;
7) l'investissement dans l'industrie et l'infrastructure à grande échelle doit être gardé au plus bas niveau possible, en cohérence avec le plan de croissance du secteur à petite échelle ;

8) la croissance doit être considérée comme se situant à l'intérieur d'un contexte semi-autarcique, au moins aussi longtemps que le commerce international et le système d'échange ne se seront pas libérés de leur caractère actuel d'exploiteurs.

Le « modèle » de croissance décrit ci-dessus est celui que Gandhi voulait voir adopté par les pays sous-développés. D'un point de vue analytique, il s'agit d'une stratégie qui a plusieurs caractères distincts qui méritent d'être soulignés.

1) Ce modèle de croissance est basé sur un critère clair de progrès économique dans les conditions de pauvreté de masse : le taux de progrès vers un chômage structurel zéro.
2) Il traite la politique d'investissement et la politique technologique à l'intérieur d'un cadre commun, ce qui permet de formuler clairement une stratégie visant la croissance rapide de l'emploi pour les masses.
3) La structure institutionnelle, les instruments pour la reconstruction économique et leur coordination par la planification sont présentés d'une manière cohérente.
4) Le modèle de planification fournit une combinaison élégante de planification par le bas, d'utilisation efficace du système de marketing et du minimum nécessaire de planification centralisée pour l'industrie et l'infrastructure à grande échelle.
5) Comme cela deviendra évident dans les chapitres suivants, cette stratégie est basée sur une évaluation réaliste des aspects contreproductifs d'un pays pauvre qui tente de participer à un système économique international basé sur l'exploitation et il recommande un processus de développement semi-autarcique. En même temps, il précise clairement les formes valides de collaboration économique internationale qui peuvent aider les pays pauvres à progresser plus rapidement.
6) Enfin, il fournit un contexte conceptuel englobant où le changement institutionnel, les modèles d'investissement et les opérations de changement d'attitude trouvent leur place, sans négliger le fait que l'on doive s'attaquer systématiquement au problème de la pauvreté.

La force et la pertinence de la forme de pensée gandhienne sur les problèmes de développement des nations pauvres deviennent évidentes et indéniables. Bien sûr, on ne doit considérer aucun système de pensée comme parfait, complet ou comme n'ayant aucun besoin d'amélioration et de révision. Certains aspects du système de pensée gandhien demanderaient à être étudiés de façon beaucoup plus précise et certaines de ses propositions devraient être révisées à la lumière du progrès des connaissances. Néanmoins, il demeure vrai que les « fondements » gandhiens demeurent appropriés pour démarrer le processus d'élaboration de la structure d'une stratégie de développement pour les économies pauvres du monde contemporain.

CHAPITRE VIII. LES CONTRAINTES INTERNATIONALES ET LES MODÈLES DE DÉVELOPPEMENT

La stratégie économique gandhienne exige donc un renversement des valeurs. Les secteurs de base de l'activité économique (les activités des grandes industries de biens d'équipement et d'infrastructure) ne doivent pas être conçus comme des secteurs à développer de manière autonome et destinés à entraîner le reste de l'économie vers l'avant. Leur taux et leur modèle de développement doivent plutôt être guidés par la cible de service optimal des activités d'emploi de masse (qui seront petites de nature et à haute densité de main-d'œuvre) opérant dans les grappes rurales et dans le voisinage des villes.

Ce renversement des valeurs ne devrait pas être un problème très difficile à résoudre. Après tout, on peut difficilement trouver aujourd'hui un analyste du développement qui conteste réellement l'importance de la création d'emploi comme stratégie anti-pauvreté. Si l'on part de l'exigence objective qui consiste à accélérer le taux de création d'emplois tout en restant à l'intérieur d'hypothèses raisonnables de disponibilité des ressources d'investissement, il s'ensuit que l'emploi de masse ne peut être créé que par les activités à haute densité de main-d'œuvre et à petite échelle.

Lorsqu'on a reconnu cela, on est amené graduellement, mais inévitablement, à l'approche gandhienne dans laquelle les activités de la grande industrie et des infrastructures lourdes doivent se limiter au taux et au modèle de croissance qui sert le mieux les besoins des industries de l'emploi de masse en développement. Le renversement des valeurs exigé par la stratégie gandhienne de reconstruction économique n'est ni paradoxale ni illogique. Pourquoi alors rencontre-t-elle une si forte opposition ? En dépit d'une pauvreté et d'un chômage croissants, pourquoi les « élites modernisatrices » des nations pauvres continuent-elles à croire que la voie gandhienne ne fonctionnera pas ?

1. Des réponses faciles, mais insuffisantes

Il y a, bien sûr, deux réponses faciles. La première est que les élites des nations pauvres rejettent la voie gandhienne parce qu'elle menace leur mode de vie orienté vers le luxe et leur privilège d'être riches dans une économie pauvre. Dans cette façon de voir les choses, ce sont les implications de l'emploi de masse sur le plan de la redistribution des richesses qui expliquent le rejet du gandhisme par les élites modernisatrices.

L'autre réponse facile est que les membres de la classe techno-managériale qui dirigent les activités des grandes industries et des infrastructures lourdes résistent à l'approche gandhienne parce que leurs intérêts personnels pour le surdéveloppement des secteurs de base sont menacés par le gandhisme.

Même si ces réponses ont une validité partielle, elles n'expliquent qu'une partie de la résistance de l'homme « pratique » à l'approche gandhienne. Après tout, il y a des sections de l'élite politique et technomanagériale dont l'engagement pour le bien-être des masses est hors de doute. Plusieurs individus faisant partie de l'élite sont complètement insatisfaits de la « croissance économique modernisatrice » et de ce qu'elle implique pour l'emploi et le bien-être des masses. Qu'est-ce qui les empêche de redécouvrir l'approche gandhienne de la reconstruction économique ?

Souligner le fait que l'économie gandhienne a été mal présentée et que sa pertinence pour les problèmes de développement contemporains n'a pas été adéquatement démontrée n'est pas une réponse à cette question. Cela peut sans doute expliquer pourquoi Gandhi continue d'être considéré comme un économiste peu réaliste, mais cela n'explique pas pourquoi son approche (qui répond d'une manière si admirable aux besoins de développement des nations pauvres) n'est pas redécouverte d'une manière indépendante. Cela n'explique pas non plus la réaction presque universellement défavorable lorsque certaines des intuitions de Gandhi sont reprises par des économistes comme Schumacher ou Buckminster Fuller.

2. Pourquoi l'approche de Gandhi semble-t-elle irréaliste ?

La vraie raison pour laquelle l'approche de Gandhi ne paraît pas pratique à ceux qui sont familiers avec les milieux de prise de décision des nations pauvres se trouve ailleurs. La raison pour laquelle les nations pauvres suivent aujourd'hui la voie de la modernisation technologique n'est pas qu'elles croient que c'est la voie qui sert le mieux au bien-être des masses. C'est plutôt parce qu'elles sont forcées de se moderniser dans un sens particulier et tordu qui est le résultat des contraintes que leur impose leur décision de continuer à faire partie du système économique capitaliste international.

Étant donné l'idée qu'une nation pauvre en développement doit devenir une concurrente de plus en plus efficace à l'intérieur du système capitaliste international, les conditions de participation à une telle concurrence apparaissent comme des contraintes qui doivent orienter leur politique économique. Ce sont ces contraintes qui font obstacle à une acceptation générale de l'approche gandhienne comme seul cadre satisfaisant de la planification anti-pauvreté dans les économies pauvres.

3. La nature des contraintes internationales

Il nous faut comprendre un peu plus en profondeur la nature des « contraintes de développement » qui émanent des efforts des pays pauvres pour participer au système économique mondial. Nous pouvons les classifier en contraintes reliées (i) au développement technologique dans les exportations, (ii) aux contraintes technologiques implicites dans la structure des importations, (iii) aux contraintes du modèle de consommation apportées par le contact avec les élites internationales et (iv) aux contraintes du développement des infrastructures résultant à un niveau second des facteurs (i), (ii) et (iii).

La contrainte « d'exporter », comme forme de comportement concernant le développement est compréhensible dans le cas des économies développées qui obtiennent par là deux avantages significatifs. Premièrement, elles obtiennent pour leurs produits un marché plus large que leurs économies nationales peuvent fournir et elles peuvent obtenir en échange du matériel brut des économies moins développées, ce qui leur permet d'élever l'activité économique à des niveaux supérieurs à celui que leurs propres ressources permettraient de soutenir. Deuxièmement, à cause du modèle de commerce particulier qui vient d'être décrit, les nations développées « exportatrices » peuvent recueillir les bénéfices cachés des mouvements des termes de l'échange. Il est plutôt évident que de tels bénéfices ne s'accumulent pas pour les pays pauvres qui s'engagent dans le commerce international. Qu'il s'agisse de l'impact sur la structure interne de production et de l'impact sur les clauses commerciales de l'échange, le pays pauvre typique qui cherche à participer à un tel commerce en sort d'avance perdant.

Par conséquent, les pays pauvres qui souhaitent tirer des gains du commerce international ne peuvent le faire qu'en changeant le profil de leurs exportations. Cependant, pour le pays pauvre, devenir un exportateur de produits *manufacturés*, plutôt que de matières premières, cela signifie que les secteurs de l'économie liés à l'exportation doivent être modernisés rapidement, que les industries exportatrices doivent devenir technologiquement comparables aux industries exportatrices des économies développées et qu'elles doivent être compétitives.

Cela signifie en effet que le secteur des exportations doit utiliser des techniques qui ont peu de relations avec conditions qu'on retrouve ailleurs dans les économies pauvres. Non seulement il en est ainsi, mais le modèle entier de l'industrialisation doit se plier aux exigences du secteur des exportations. À cause du caractère à très *haute densité de capital* et de *savoir-faire* des industries d'exportation modernes, les besoins d'importer des biens d'équipement et du savoir-faire deviennent rapidement beaucoup plus grands que tous les gains envisageables. Le développement des industries modernes de biens d'équipement et du savoir-faire moderne dans l'économie nationale subit alors des pressions.

Cela implique paradoxalement l'obligation foncièrement insensée de devoir développer à l'intérieur d'une économie sous-développée un secteur industriel d'un type qui convient seulement à une économie très développée. Les contradictions qui en résultent sous des formes comme (a) la pénurie de ressources dans les secteurs non modernes, (b) la limitation artificielle du taux de croissance de l'emploi, la compression de la périphérie de l'économie pour rencontrer les besoins de développement des secteurs clés, etc. paraissent à la fois tolérables et inévitables aussi longtemps que l'on a foi en l'absolue nécessité de participer au système du commerce international.

Tout comme le modèle de développement orienté vers l'exportation oblige les pays pauvres à adopter des politiques qui s'opposent aux intérêts de leur propre peuple, il en va de même pour leur modèle d'importation. Le capital technologique, le savoir-faire et les investissements que les pays riches sont disposés à fournir aux pays pauvres par le commerce et le crédit arrivent dans des formes technologiques totalement inappropriées aux carences des économies pauvres. Cette inadéquation se produit d'une manière totalement non délibérée et tout à fait inévitable parce que les machines, les technologies et les méthodes organisationnelles des pays riches reflètent leurs propres dotations et non celles des pays pauvres importateurs. En désirant des biens d'équipement « modernes » pour bâtir leur secteur « moderne », les pays pauvres ne voient pas l'ultime irrationalité de ce qu'ils font.

La participation au système du commerce international signifie aussi nécessairement un certain degré de contact social avec les élites économiques mondiales. Ces élites sont habituées à certains standards de confort matériel et elles ont un style de vie orienté vers la consommation qui contamine les élites des économies pauvres (encore une fois d'une manière totalement innocente et tout à fait inévitable). Les élites des économies sous-développées commencent à adopter un style de vie (fondé sur les hôtels cinq étoiles, les bureaux à l'air conditionné, les gratte-ciels, les appartements au dernier étage et tous les accessoires séduisants de la modernité) qui est complètement inadapté à la nature de l'économie qu'elles gèrent et qui dénature l'ordre naturel des priorités dans le développement économique.

Les exportations, l'industrie modernisée et une élite internationalisée deviennent un cauchemar à l'intérieur de leurs propres économies. Puisque les priorités que les élites des économies pauvres peuvent percevoir directement (plus de savoir-faire de bonne qualité et plus de capital pour les industries d'exportation, plus de biens d'équipement de bonne qualité de type moderne, plus de produits de bonne qualité pour les industries nationales du luxe) sont complètement déplacées par rapport aux priorités réelles, mais non évidentes (plus d'emploi, plus de produits de base pour les masses, un développement plus intensif de l'agriculture et des industries nationales à haute densité de main-d'œuvre), ces élites mettent toujours l'accent sur les priorités qu'elles peuvent voir et sentir.

Le même processus contribue aussi à élever artificiellement le niveau de développement des infrastructures qu'un pays pauvre doit construire. Des ports de mer modernes, des villes modernes, des transports modernes, des hôtels modernes, des aéroports modernes – tout cela devient nécessaire à cause de la nécessité d'interagir efficacement avec le système économique international. Tout cela contribue-t-il au bien-être des masses à court ou à long terme ou représente-t-il un intolérable gaspillage des fonds disponibles pour le développement des infrastructures ? Cette question n'entre jamais explicitement dans le calcul.

Ultimement, des investissements touchant la modernisation et que l'on juge « inévitables » en viennent à absorber la plupart des fonds d'investissement disponibles et à négliger l'allocation réellement essentielle de ressources à l'éducation primaire, au développement de l'agriculture et de la petite industrie, à l'infrastructure rurale – en un mot à tout ce qui compte réellement pour le bien-être des masses.

4. L'économie *swadeshi*

C'est pour répondre au détournement de valeurs généré par le fait que l'élite des nations pauvres tente de participer au système économique international sans au préalable critiquer la pertinence de sa participation que Gandhi a développé les principes de l'économie *swadeshi*. L'économie *swadeshi* a trois composantes essentielles : (a) une distinction entre les formes valides et les formes invalides de collaboration économique internationale, (b) une politique d'autodéfense économique des pays pauvres confrontés à un système international exploiteur et (c) une théorie de non-coopération économique internationale comme technique pour adapter l'ordre économique international à la réalité des pays pauvres dans l'intérêt l'humanité dans son ensemble.

Ces composantes et leurs relations au schème gandhien de priorités économiques devront être examinées en détail. Lorsque nous aurons terminé cet examen, nous serons en mesure d'obtenir une vision synthétique des principes fondamentaux de l'économie gandhienne.

CHAPITRE IX. L'ÉCONOMIE *SWADESHI* : UNE RÉÉVALUATION DES GAINS DU COMMERCE

« Mieux vaut un peu de commerce que rien du tout » est une proposition fameuse de l'analyse conventionnelle du commerce international. Tout ce que cette proposition signifie réellement, c'est qu'un pays peut s'assurer par le commerce un panier plus large de produits de base que par sa seule économie nationale. Alors, même si elle est vraie, cette proposition est peu pertinente pour une analyse gandhienne de l'effet du commerce international. Sous l'angle gandhien, la question intéressante est celle de l'effet du commerce international sur l'emploi national tant à court terme qu'à long terme.

1. L'impact du commerce sur l'emploi national

Il est clair que la présence du commerce international produit un modèle de production différent de celui qu'engendrerait son absence. Dans la mesure où les industries d'exportation sont à moins haute densité de capital que les industries nationales qui sont remplacées par l'importation, l'effet net du commerce international est favorable à court terme. Cependant, comme Gandhi l'a noté, les plantations et les activités minières, qui constituent les principales activités d'exportation des économies pauvres, sont beaucoup plus à haute densité de capital que les industries *nationales* (l'artisanat) qui sont remplacées par les importations. L'impact net à court terme est donc la destruction de l'emploi.

À long terme, si les industries d'exportation avaient pleinement utilisé leurs grandes capacités à réinvestir, une accélération nette de l'emploi aurait pu se produire. Cependant, à cause du fort rapatriement des profits, les industries minières et les plantations des pays pauvres n'ont utilisé pour des investissements locaux qu'une petite fraction de leurs capacités de réinvestissement. Pour cette raison, on n'a tiré aucun avantage à long terme à l'accumulation de capital qui aurait pu diminuer les effets destructeurs d'emploi de ce commerce colonial et apporter des compensations au plan économique.

Voilà pourquoi, à l'intérieur du modèle de commerce colonial, il ne peut y avoir aucun gain (au sens gandhien) pour les pays pauvres. Qu'en est-il alors du modèle de commerce postcolonial ? Même si Gandhi (qui n'avait aucune expérience de ce modèle) ne l'a pas analysé, il est possible, à la lumière des données contemporaines, d'effectuer une analyse gandhienne des modèles de commerce postcoloniaux actuellement observables. Les résultats de recherche suivants sont analytiquement pertinents.

Dans l'ensemble, le modèle de commerce postcolonial diffère du modèle colonial sur quatre points majeurs :

1. la proportion des exportations manufacturées dans les exportations totales des économies coloniales a été croissante, de sorte que les industries d'exportation sont en train d'être à plus haute densité de capital que par le passé ;
2. les importations des anciennes colonies contiennent aujourd'hui une partie beaucoup moins grande de biens de consommation qu'auparavant. Cependant, ce changement s'est produit parce que les activités nationales à haute densité de capital ont pris le dessus sur le secteur des biens de consommation. L'impact net est que l'artisanat national est maintenant en train d'être remplacé par des industries nationales à haute densité de capital ;
3. les profits des industries d'exportation s'avèrent largement insuffisants pour soutenir les besoins toujours croissants de capitaux des industries exportatrices, si bien que les ressources tirées des secteurs à moins haute densité de capital sont injectées dans les industries à haute densité de capital ;
4. une fois de plus, donc, les mêmes anomalies structurelles qui caractérisaient les modèles coloniaux de commerce ont été reproduites dans le commerce postcolonial. Les exportations des pays pauvres sont à plus haute densité de capital que la moyenne pour leurs économies nationales. Les exportations

des pays riches continuent à être à plus haute densité de main-d'œuvre que la moyenne acceptable pour leurs économies. Cette fameuse « anomalie de Leontief » (Leontief, 1953; Bhagwati, 1965) signifie simplement que le modèle du commerce international continue de générer une croissance nette de l'emploi dans les économies plus riches et une destruction nette de l'emploi dans les plus pauvres.

Une analyse gandhienne du commerce international présente un autre fait surprenant : ce qui avait l'habitude d'être une exploitation à un seul niveau est devenu une exploitation à deux niveaux (i) des économies les plus pauvres par les plus riches et (ii) de la partie développée des économies les plus pauvres par les nations développées. Comme Gandhi l'a noté, c'est un effet qui est apparu dès 1920[1].

Évidemment, soutenait Gandhi, dans la mesure où il est question de destruction des emplois, il importe peu que les unités manufacturières de masse (qui détruisent l'artisanat) soient situées dans le Lancashire ou à Ahmedabad. L'effet sur l'économie rurale est identique. Le seul changement est que les fruits de cette exploitation sont récoltés dans une ville du *même* pays plutôt que dans une ville d'un pays *étranger*. Cependant, comme il n'y a pas de transfert net de ressources de la ville à la campagne, le résultat final est que les villages continuent à s'appauvrir autant qu'avant.

Et ultimement, ce transfert n'augmente pas la prospérité des villes. Elles sont encore une fois forcées d'importer des *biens d'équipement* pour établir leurs propres industries. Une large partie des surplus gagnés est siphonnée par la consommation de produits de luxe étrangers. Le bénéfice net qui demeure au pays est négligeable. Pour cette raison, « l'industrie nationale » n'est qu'un poste intermédiaire servant à faire s'écouler déloyalement les profits et le potentiel d'emploi des pays pauvres vers les pays riches.

---

[1] M. K. Gandhi, *Hind Swaraj*. — Gandhi, *Hind Swaraj. L'émancipation à l'indienne*, traduit par Annie Montaut, Paris, Fayard, 2014 (original en gujarati, composé en 1909).

Par conséquent, il n'y a pas de gain à tirer du commerce pour autant que la participation des pays pauvres au système actuel du commerce mondial soit concernée. Même les inconvénients de l'autarcie sont préférables à la saignée continuelle des ressources et des opportunités d'emploi que représentent les modèles coloniaux et postcoloniaux du commerce étranger.

Bien sûr, Gandhi reconnaît qu'il est idéalement possible de concevoir des modèles de collaboration commerciale et économique internationale qui aident à la fois les nations riches et les nations pauvres qui participent à un tel système. Nous avons donc une tâche importante à accomplir : distinguer entre les modes valides et invalides de collaboration économique internationale.

2. Les formes valides de collaboration internationale

La théorie gandhienne des formes valides de collaboration internationale peut être déduite de deux manières. La première consiste à poser d'emblée que le monde est organisé en un unique système économique dont les pays pauvres constituent la périphérie et dont les pays riches sont le cœur. Puisque le monde dans son ensemble est une économie sous-développée avec un sérieux chômage structurel, la totalité de la théorie gandhienne d'une stratégie anti-pauvreté peut être transférée à la planification de l'économie du monde en tant qu'économie sous-développée. Les relations centre-périphérie présentées comme souhaitables au chapitre VI définissent alors les formes correctes de collaboration internationale entre les économies pauvres et les économies riches.

L'autre façon de concevoir l'économie d'après la théorie gandhienne consiste simplement à répertorier les types de transactions internationales qui peuvent aider les économies pauvres à poursuivre plus efficacement une stratégie de développement gandhienne. Cette méthode plus simple ignore certains aspects intéressants (comme le rôle des corporations internationales) que la première méthode permettrait de saisir plus efficacement. Néanmoins, nous adopterons l'approche plus simple dans ce chapitre. Le lecteur intéressé à un traitement plus complet de ces questions est renvoyé au chapitre X.

Sous l'angle où nous nous plaçons, les formes de transactions qui aident les pays pauvres à poursuivre une stratégie gandhienne plus efficace pour le développement sont les suivantes :

1. recherche institutionnalisée à l'échelle mondiale et extension des innovations techniques dans le sens défini au chapitre II ;
2. programmes à l'échelle mondiale de déploiement dans les pays pauvres de travailleurs en éducation, en médecine et en transfert de technologie ;
3. décentralisation planifiée d'industries présentement concentrées dans les pays plus riches (sous une forme à haute densité de capital), mais qu'il est possible d'organiser en systèmes de petites unités industrielles ;
4. augmentation de l'achat par les économies plus riches de marchandises à haute densité de main-d'œuvre produites par les pays pauvres ;
5. développement par les économies riches d'exportations qui peuvent être utilisées dans les secteurs d'emploi de masse à haute densité de main-d'œuvre des économies pauvres ;
6. planification et restructuration graduelle du commerce mondial de manière à passer d'un modèle d'échanges entre des manufactures et des ressources à un modèle d'échanges entre des industries à moyenne densité de capital et des industries à moyenne densité de main-d'œuvre.

Tout cela implique la décision préalable de la part des pays riches d'adopter un rôle de service aux zones périphériques de l'économie mondiale d'une manière parallèle à ce qui est exigé des « secteurs clés » des économies développées. Cela ne suppose pas nécessairement une réduction sévère des niveaux d'emploi ou des standards de prospérité dont les économies riches profitent incontestablement. Cependant, cela suppose que les économies riches évitent les dispositifs d'exploitation par lesquels leur propre croissance et leur propre prospérité augmentent plus vite que celle des nations pauvres.

Encore une fois alors, nous rencontrons un analogue de l'idéal de la curatelle, cette fois au niveau international. Gandhi ne s'attendait pas à ce qu'un tel développement, tant au niveau national qu'au niveau international, soit susceptible de se produire spontanément ou par simple persuasion. Ce qu'il proposait est une stratégie qui combine la persuasion et une pression non violente sous la forme de la non-coopération. L'économie *swadeshi* est le résultat d'une telle non-coopération économique internationale.

Dans le système de pensée de Gandhi, l'exploitation est le résultat de l'incapacité des « entités exploitées » de dire « non » aux arrangements mis en place par l'exploiteur. La résistance à l'exploitation présuppose donc (a) la capacité de survivre sans coopérer avec l'exploiteur et (b) une capacité de subir volontairement la souffrance qui résulte de la non-coopération avec les exploiteurs.

Ce que propose Gandhi, c'est que chaque pays pauvre organise son système économique pour qu'il soit capable (si nécessaire) de survivre pendant une assez longue période sans commerce international. C'est sur cette base que le pays peut momentanément choisir de n'accepter que les transactions où il n'y a pas d'exploitation.

3. Les principes du *swadeshi*

Gandhi croyait que la détermination et la ferveur nécessaires pour y arriver ne pourraient être mobilisées que sur la base d'un engagement patriotique. Étant donné que l'autodétermination économique nationale est aussi importante que l'autodétermination politique, Gandhi croyait que les peuples des nations pauvres pourraient être prêts à accepter les sacrifices que suppose l'application des principes du *swadeshi*.

La logique du *swadeshi* est la suivante : (a) s'il y a un produit présentement importé pour lequel on pourrait développer un substitut national, il faut le développer ; (b) la production du substitut développé doit être à haute densité de main-d'œuvre ; et (c) si aucun substitut national à haute densité de main-d'œuvre n'est disponible, il faut simplement s'en priver. Cela signifie que le modèle de la consommation élitiste doit ne rejoindre qu'une minorité de citoyens et que, par conséquent, plus d'emplois seront créés pour produire le panier des produits de base largement consommés. La réalisation du *swadeshi* dépend donc de la volonté d'accepter une égalisation relativement massive du modèle de consommation.

Une fois que l'on aura réussi à mettre en marche une économie *swadeshi*, on pourra en assouplir le fonctionnement de plusieurs manières.

1. Les surplus de biens de consommation manufacturés peuvent être échangés pour des biens de consommation dont la production n'est pas réalisable dans l'économie nationale.
2. On peut importer des biens d'équipement technologiques appropriés pour les industries à haute densité de main-d'œuvre et vendre à d'autres pays d'autres types à haute densité de main-d'œuvre.
3. La capacité de produire des surplus dans le secteur clé de l'économie peut être mise au service d'une sphère plus large que l'économie nationale.

Cependant, tout cela ne peut se faire qu'*après* s'être assuré de pouvoir survivre en autarcie. À moins de pouvoir garder ouverte l'option de retour à l'autarcie, il n'est pas possible pour une économie d'éviter l'exploitation.

Puisque certaines formes d'industrie lourde s'avèrent essentielles (comme nous l'avons vu) même pour le développement des secteurs d'emploi de masse, l'économie *swadeshi* suppose que l'on mette l'accent sur le développement de ces grandes industries nécessaires. Pour cette raison, assez curieusement, les partisans de la stratégie de l'acquisition de biens d'équipement peuvent trouver dans la théorie gandhienne du *swadeshi* un contexte sympathique et réceptif. Il vaut la peine de noter que le modèle Mahalanobis très critiqué (sur lequel le second *Five Year Plan* était fondé[2]) suggérait de concentrer l'investissement sur les industries produisant des biens d'équipement et de couvrir les besoins de consommation grâce aux petites et aux moyennes entreprises. La stratégie gandhienne *swadeshi* défend les deux mêmes idées, mais avec une inversion d'accent. Les biens de consommation devraient être produits (dans la mesure où c'est réalisable) par des méthodes à

[2] P. C. Mahalanobis, *Samkhya, The Indian Journal of Statistics (1933-1960)*, Indian Statistical Institute, 1958.

haute densité de main-d'œuvre et les industries du secteur moderne devraient être celles qui sont nécessaires pour supporter les activités de l'emploi de masse.

L'idée d'organiser un système économique avec *des exportations limitées* telle que développée dans les fameux exercices de K. N. Raj (1960) pour développer des modèles de croissance avec des exportations stagnantes prend tout son sens dans le contexte de l'approche *swadeshi*. Il est clair que l'économie *swadeshi* implique une application complète d'un modèle de croissance qui substitue à l'importation des techniques à haute densité de main-d'œuvre dans le cas des biens de consommation et, dans une certaine mesure, des techniques à haute densité de capital dans le cas des biens d'équipement. Nous rencontrons aussi l'idée typique suivante : toutes les importations non essentielles doivent tout simplement être éliminées sans que l'on essaie de les remplacer par des substituts produits dans le pays.

La tactique de développement d'une économie pauvre qui emploie une stratégie *swadeshi* doit donc être décrite selon le paradigme suivant. Premièrement, il faut renoncer à toute consommation de marchandise qu'on ne peut pas produire par des méthodes à haute densité de main-d'œuvre. Deuxièmement, il doit y avoir un plan pour développer l'emploi de masse à haute densité de main-d'œuvre pour fournir un niveau adéquat de biens au panier de la consommation. Troisièmement, il faut simultanément tenter de développer la capacité de produire des biens à moyenne densité de capital, mais seulement dans la mesure exigée par le modèle planifié de la croissance des industries à emploi de masse. Quatrièmement, on pourra se dispenser graduellement de toutes les importations inévitables grâce à la croissance des biens nationaux. Cinquièmement, alors que l'économie s'approchera graduellement de l'autonomie, le commerce international sera graduellement rouvert sous la forme d'exportations des surplus des biens d'emploi de masse et d'achat de biens manufacturés qui ne peuvent pas être produits par l'économie nationale[3].

---

[3] M. K. Gandhi, *Harijan*, 2-2, 1940; 3-12, 1944.

Bien sûr, la stratégie *swadeshi* est en correspondance étroite avec la stratégie de reconstruction économique qui a été décrite précédemment. Cependant, ce n'est pas tant l'élimination de la pauvreté nationale qui motive politiquement le programme *swadeshi*. C'est plutôt la volonté politique d'autonomie qui rend possibles (de la part de l'élite) les sacrifices nécessaires pour le programme anti-pauvreté. Gandhi a noté le fait que les élites n'acceptent les sacrifices que sous la pression de motivations nationales et patriotiques. Il a donc fait du *swaraj* le slogan politique qui permettrait à son programme de reconstruction économique de balayer le pays. L'histoire a montré plusieurs fois qu'un désir abstrait d'amélioration du sort des pauvres n'est pas une motivation suffisamment forte pour qu'ils fassent les sacrifices nécessaires pour assurer l'amélioration de leur sort. Par contre, la motivation patriotique et le sentiment d'identité collective qu'elle génère préparent le peuple aux sacrifices nécessaires. Une des raisons fondamentales de l'échec des économies pauvres à l'époque postcoloniale dans leur tâche de mobilisation populaire est leur échec à garder vivant l'esprit patriotique.

Le *swadeshi* représente donc l'idéologie politico-économique qui fournit l'énergie nécessaire pour implanter la stratégie gandhienne et pour créer un milieu dans lequel la conversion de l'élite en curateur est rendue possible par la force de transmutation du nationalisme.

Même s'il est indispensable de s'engager en faveur du *swadeshi*, ce n'est pas en soi suffisant. On doit faire face au problème de distinguer le vrai du faux *swadeshi*. C'est du faux *swadeshi* qu'il s'agit lorsqu'on s'imagine que la simple substitution d'une importation par un produit national est suffisante. L'industrie nationale qui vient d'émerger doit s'insérer dans le schéma global de la reconstruction économique. Ce doit être soit une activité d'emploi de masse, soit une activité de production de biens d'équipement et de biens intermédiaires du secteur de l'emploi de masse. Sinon, cette industrie nationale ne fera que renforcer ce qui a été décrit plus haut comme un modèle d'exploitation postcolonial.

La distinction entre un « vrai » et un « faux » *swadeshi* est liée à l'analyse gandhienne qui présente le secteur développé de l'économie pauvre comme un poste intermédiaire dans le processus d'exploitation par les pays riches. Ce lien a conduit Gandhi à formuler son argumentation d'une manière impliquant que les vraies industries *swadeshi* n'étaient que les industries de village. Par ailleurs, cela n'était pas compatible avec sa reconnaissance du rôle de la grande industrie et jetait de la confusion sur cette distinction. Cependant, notre analyse et notre interprétation rendent suffisamment clairs les critères du vrai *swadeshi* :

1. une industrie de biens de consommation ne peut pas être du vrai *swadeshi* si elle n'est pas à haute densité de main-d'œuvre ;
2. la production de biens d'équipement peut être *swadeshi* même si elle est à haute densité de capital pourvu qu'elle serve le secteur de l'emploi de masse.

L'incapacité de saisir les vrais principes du *swadeshi* explique en grande partie l'incapacité qu'ont éprouvée les décideurs politiques postcoloniaux à appliquer le principe de la substitution des importations. Avant le remplacement de l'importation, il y a le choix du caractère des biens qui devraient avoir le droit d'entrer dans le panier de consommation. Lorsqu'on comprend que toutes les industries des biens de consommation devraient être à haute densité de main-d'œuvre et que les industries de biens d'équipement et de biens intermédiaires devraient être celles qui soutiennent les industries d'emploi de masse, les vrais principes du remplacement de l'importation deviennent clairs.

Les deux éléments que le remplacement de l'importation ne doit pas comporter sont (a) le développement d'une industrie de biens de consommation à haute densité de capital et (b) le développement d'une industrie de biens d'équipement et de biens intermédiaires qui n'est pas liée aux secteurs de l'emploi de masse. Lorsqu'on a saisi ces restrictions, tout devient logique et compréhensible.

Il est clair que l'approche *swadeshi* a un caractère d'autodéfense et qu'elle présume que, sous sa forme d'organisation présente, l'ordre économique international est intrinsèquement exploiteur.

Cette autodéfense est un prélude et une préparation à une non-coopération économique internationale destinée à produire un changement structurel dans l'ordre international. Notre prochaine tâche est de saisir la nature des changements structurels pertinents et la façon dont on s'attend à voir la non-coopération apporter les changements nécessaires.

3. La non-coopération internationale

La logique de la non-coopération comme stratégie de changement est basée sur l'idée suivante : la coopération des exploités est essentielle pour l'exploiteur, tandis qu'il n'y a pas une telle dépendance essentielle de l'exploité envers l'exploiteur. Donc, si les exploités sont prêts à payer le prix de la non-coopération, leur non-coopération aura un effet contraignant sur les exploiteurs. Voyons comment cette idée fondamentale peut être utilisée pour changer la structure des relations économiques internationales.

Supposons que les économies pauvres du monde décident d'adopter le principe du *swadeshi*. Même si cette décision ne se produit que graduellement, elle plongera dans une profonde crise le modèle présent des échanges économiques internationaux. Les économies riches n'auront plus l'opportunité d'utiliser le commerce comme arme pour exploiter le reste du monde et ainsi maintenir leur propre prospérité. Elles n'auront plus la chance de développer leur emploi national aux dépens de l'économie mondiale. Pour maintenir leur propre prospérité, elles seront alors forcées de changer leur structure économique de manière à réduire, et ultimement à éliminer, leur dépendance envers les économies pauvres. Pour demeurer viables devant la non-coopération économique internationale, les économies riches devront effectuer plusieurs changements de structure :

1. la réduction planifiée de l'importation de ressources extérieures et le progrès vers une situation où l'économie est basée seulement sur les ressources nationales ;
2. le changement technologique visant à augmenter le recyclage des matériaux usagés et le passage des sources non renouvelables aux sources renouvelables de matériaux bruts et d'énergie ;

3. la réorganisation du système économique pour permettre le plein emploi de la main-d'œuvre nationale fondé sur des ressources nationales (ce qui suppose, en plus des mesures mentionnées au point 2, l'adoption planifiée de technologies à forte densité de main-d'œuvre et à échelle humaine) et sur le service de systèmes de marché localisés ;
4. le passage graduel de régions industrielles urbaines concentrées et de régions rurales agricoles spécialisées à un modèle plus dispersé d'industries et de communautés rurales de plus en plus équilibrées ;
5. l'insistance sur les écologies stables, l'élimination de la pollution et la limitation rationnelle des besoins pour qu'une économie de performance puisse être établie sur la base de l'autonomie.

Il est intéressant de noter que ces politiques, qui, selon nous, seront imposées aux économies plus riches par la non-coopération des économies pauvres, sont identiques aux politiques qui sont recommandées par les observateurs perspicaces pour sauver les économies riches de leur présente crise de surdéveloppement. Les analystes de système dans les économies plus riches ont soutenu que la présente poussée vers une prospérité illimitée des économies riches a les effets délétères suivants sur leurs structures économiques :

1. l'augmentation de la dépendance envers les ressources extérieures de matériaux ;
2. l'utilisation trop rapide des stocks de ressources non renouvelables de la terre ;
3. l'augmentation alarmante des déchets, de la pollution de l'environnement et des perturbations de l'écologie ;
4. les sérieux problèmes sociaux et physico-environnementaux causés par la surpopulation urbaine et le dépeuplement rural ;
5. finalement, l'augmentation de l'angoisse et de l'aliénation causée par l'hyperextension des grandes entreprises à échelle non humaine.

On cherche à trouver la réponse à ces crises fondamentales du surdéveloppement maintenu par l'exploitation des nations pauvres dans exactement les mêmes mesures que les pays riches seraient forcés d'adopter sous la pression de la non-coopération économique internationale.

Il s'ensuit donc que la non-coopération économique internationale que représente le *swadeshi* gandhien correspond aux intérêts à long terme des peuples des nations riches – si ces intérêts sont correctement perçus. Pour cette raison, la non-coopération dans le champ international ne représente pas un acte de haine envers les nations riches, mais plutôt un acte d'amour pour les peuples de ces pays. Cela montre que les intérêts du bien-être humain à l'échelle mondiale ont une unité plus haute qui se situe au-dessus des conflits temporaires générés par les forces de distorsion de la croissance économique moderne.

En fait, il n'y a qu'un seul conflit d'intérêts véritable et inconciliable : c'est celui qui existe entre le principe de l'expansion illimitée et de la gourmandise illimitée selon lequel opèrent les unités à large échelle des entreprises multinationales modernes et les intérêts du bien-être humain partout dans le monde. Ce sont seulement les intérêts des grandes unités industrielles opérant à l'échelle internationale qui sont liées d'une manière essentielle à la perpétuation du *statu quo* dans les relations économiques internationales et non les intérêts du peuple de n'importe quel pays, qu'il soit riche ou pauvre.

Dans cette perspective, la vision gandhienne du caractère de l'économie mondiale se rapproche beaucoup de la vision marxiste de l'exploitation commune du prolétariat international par le système économique capitaliste, avec la bourgeoisie locale et les gouvernements de chaque pays qui agissent comme les agents du capital international. Cependant, l'analyse de Gandhi suggère que le mal essentiel n'est pas la forme capitaliste d'*organisation*, mais le fait technique de la domination des unités industrielles à large échelle. La supériorité de ce point de vue apparaît clairement dans le dédoublement dans le soi-disant système socialiste international de tous les problèmes de relations inégales d'exploitation entre les économies industrialisées du centre et les économies arriérées de la périphérie.

Le *swadeshi* est donc un principe qui est lié ultimement à l'abolition de l'exploitation à l'échelle internationale et à la restauration des droits des peuples de tous les pays à des conditions stables et égales de bien-être matériel. Alors que dans chaque pays, ce principe est un principe d'autodéfense, pour les peuples du monde, c'est un effort commun d'assainir le mode de fonctionnement des échanges internationaux.

Dans le chapitre suivant, nous aborderons la compréhension que Gandhi avait de la lutte entre les riches et les pauvres à l'échelle de l'économie mondiale. Cela nous aidera à clarifier certains points importants concernant l'évaluation politique de la situation économique mondiale liés à son analyse de la lutte entre les riches et les pauvres dans les économies pauvres. Combinée à la question de l'économie *swadeshi* qui vient d'être abordée, cette nouvelle perspective conduit à une reconsidération intéressante de la théorie politique de la lutte des classes, ainsi qu'à une nouvelle conception de la nature des intérêts de classe en tant que fait économique. Cela constitue la base de l'approche de l'économie politique de Gandhi et en particulier de sa théorie de la non-violence comme voie à suivre dans la vie économique.

CHAPITRE X.
LES CONTRADICTIONS RICHES-PAUVRES ET LA CROISSANCE ÉCONOMIQUE MODERNE

Nous arrivons au cœur de l'analyse politico-économique de Gandhi : la nature des contradictions riches-pauvres au niveau mondial. L'évaluation habituelle de cette contradiction distingue deux « luttes » : la lutte économique entre riches et pauvres à l'intérieur des limites d'un *seul* pays et, au plan international, la lutte entre *pays riches* et *pays pauvres*. Cependant, l'évaluation qu'en fait Gandhi est plus élaborée et plus pertinente en pratique. Au niveau international, Gandhi considère que cette lutte oppose entre elles les élites prédatrices de chaque pays qui cherchent à se partager le plus largement possible les fruits de leur exploitation, tandis qu'au niveau national cette lutte oppose plutôt une coalition internationale d'élites aux pauvres de chaque pays. Cette dernière lutte (qui oppose globalement les pauvres du monde en tant que totalité aux élites du monde en tant que totalité) n'apparaît jamais très clairement et reste cachée du fait qu'il n'existe pour le moment aucune unité internationale de tels groupes n'appartenant pas à l'élite et qu'il serait inconcevable qu'il en existe.

Pour bien saisir la vision de Gandhi, il est nécessaire d'examiner sa critique générale des tendances économiques modernes. Cette critique consiste essentiellement à mettre en évidence le fait que la pauvreté des nations pauvres est créée de toutes pièces et entretenue par leurs élites qui font tout en leur pouvoir pour donner la plus haute priorité à la modernisation technique. (Cette question a été traitée au chapitre I). L'étape suivante de son raisonnement consiste à soutenir que les élites des nations pauvres adoptent des stratégies de développement inappropriées parce que (désirant imiter les modèles de vie de l'élite *internationale*) elles se sentent obligées de participer à un système d'échanges internationaux qui produit de l'exploitation et de la distorsion. (Ce point a été traité au chapitre VIII.) Le troisième niveau de son argumentation (traité au chapitre IX) porte sur les *pertes encourues* en matière d'emploi et de revenu pour les pauvres des pays pauvres et des *gains qui en résultent* pour la classe des travailleurs des pays riches en matière d'emploi et de revenu. Il nous reste maintenant à comprendre la nature du système économique mondial et de ses tendances qui sont à la base de cet ensemble de contradictions. Cela nous conduit à la critique gandhienne générale de la croissance économique moderne.

1. Principales propositions pour cerner la réalité

La critique de la croissance économique moderne qu'a faite Gandhi était fondée sur un ensemble de propositions empiriques concernant les effets du changement apporté par la modernisation technique sur laquelle se fonde cette croissance économique. Examinons ces propositions.

Partout où un secteur d'activités est affecté par le changement apporté par la modernisation technique, les traits suivants apparaissent :

A.1. la production par travailleur croît rapidement ;
A.2. la consommation de ressources matérielles par travailleur croît rapidement ;
A.3. le stock de capital technologique par travailleur croît rapidement ;
A. 4. la taille moyenne des organisations économiques croît rapidement ;
A.5. la région géographique dans laquelle les organisations trouvent leurs ressources matérielles s'étend rapidement ;
A.6. la taille de la clientèle et la région géographique du marché dans lequel la clientèle est distribuée s'étendent rapidement.

Les effets notés sous A.5 et A.6 encouragent le développement rapide de systèmes de transport toujours plus performants, ce qui a aussi pour effet d'aggraver ces mêmes effets.

B.1. des ressources matérielles et des marchés autrefois inaccessibles deviennent accessibles ;

B.2. la formation d'unités urbaines très larges devient possible, puisque les produits alimentaires peuvent provenir d'une plus grande région géographique ;
B.3. les marchés ruraux deviennent exposés à la concurrence des grandes manufactures des villes ;
B.4. la mobilité accrue des êtres humains réduit l'importance de la communauté locale comme source d'emploi et comme base pour l'approvisionnement en biens de consommation.

Une combinaison des effets notés sous A.3, B.3 et B.4 entraîne un dépeuplement relatif des zones rurales dans des régions fortement touchées par les forces de modernisation techno-économique. C'est ce qui engendre les sous-mécanismes suivants :

C.1. le nombre d'acres de terre consacrée à l'agriculture et le nombre de travailleurs agricoles tendent à diminuer ;

C.2. l'artisanat rural est détruit par la concurrence des grandes manufactures des villes ;
C.3. il y a un mouvement croissant de travailleurs à la recherche d'un emploi vers les villes.

Une combinaison des effets notés sous B.4, C.1, C.2 et C.3 conduit à la destruction des microcommunautés collaboratives locales caractéristiques de l'ère prémoderne. Une combinaison des effets notés sous A.3, B.3 et B.4 débouche sur un dépeuplement relatif des zones rurales dans des régions fortement touchées par les forces de modernisation techno-économique. C'est ce qui engendre les sous-mécanismes suivants :

D.1. il y a promotion de conduite visant l'exploitation des relations interpersonnelles dans les relations économiques personnelles ;
D.2. dans les organisations économiques vastes et en pleine expansion, on trouve des conditions favorables à l'émergence de comportement exploiteur dans les relations économiques personnelles.

Enfin, la croissance de la population s'accélère fortement dans les régions affectées par la modernisation techno-économique. Des améliorations dans les sciences médicales, l'effet de l'amélioration des moyens de transport et de communication dans la prévention des famines, etc. se combinent pour assurer une réduction du taux de mortalité. Bien sûr, le taux de naissances décline lui aussi à cause de la modernisation technosociale, mais cela prend beaucoup plus de temps. Une augmentation rapide de la croissance de la population devient donc une caractéristique de la modernisation techno-économique. Lorsque cet effet est combiné aux effets B.2, C.1, C.3, cela conduit à un accroissement rapide de la population des villes et de la taille des grandes unités urbaines. Lorsque cet effet est combiné aux effets D.1 et D.2, c'est une société de masse sans visage qui apparaît dans laquelle l'individu perd son importance personnelle et son identité.

Voilà pourquoi ce qu'on appelle ici la modernisation finit par avoir les caractéristiques suivantes :

E.1. une croissance rapide de la population ;
E.2. une croissance rapide des agglomérations urbaines ;
E.3. l'apparition d'une société de masse sans visage.

2. Le modèle gandhien de l'évolution économique contemporaine

C'est sur la base des hypothèses décrites ci-dessus concernant les caractéristiques réelles de la modernisation techno-économique que Gandhi construit son modèle de l'évolution économique du monde contemporain. Nous développerons ce modèle sous sa forme la plus générale. Dans n'importe laquelle région géographique, l'impact de la modernisation techno-économique sur le bien-être humain peut suivre deux processus distincts. Le premier, qui conduit éventuellement à la société d'abondance, fonctionne lorsque le nombre d'emplois créés dans le nouveau secteur moderne de la région dépasse la force de travail potentielle grâce à la croissance de la population et à l'immigration. L'autre processus, qui conduit à la pauvreté de masse, fonctionne lorsque l'augmentation de la force de travail dans le secteur moderne de la région dépasse le nombre d'emplois nouveaux créés. Dans le premier cas, les travailleurs sortent des métiers traditionnels peu productifs et adoptent des métiers modernes très productifs. La proportion des membres de la force de travail à haut salaire augmente et le nombre absolu des membres de la force de travail à bas salaire diminue. C'est le processus qui conduit à la société d'abondance.

Dans le cas contraire, les travailleurs qui sortent du secteur traditionnel en déclin sont forcés d'entrer dans un nouvel ensemble de métiers peu productifs puisqu'il n'y a pas de place pour eux dans le secteur moderne. Cela conduit à une augmentation du nombre absolu des travailleurs à petit salaire dans la force de travail et à des situations de pauvreté de masse. Sinon, le mouvement de sortie des métiers traditionnels pourra s'avérer plus lent, mais cela signifiera aussi que le nombre de ceux qui souffrent de la pauvreté de type traditionnel sera plus grand. La taille totale de la force de travail affectée par la pauvreté continuera de grandir.

Bien sûr, tout cela est également bien connu des économistes non gandhiens. La réalisation analytique la plus importante de Gandhi est d'avoir posé une question décisive : peut-on supposer que le processus qui mène à la société d'abondance fonctionne simultanément dans *toutes* les régions du monde ? Jusqu'à l'époque de Alt Whiman Rostow, les analystes classiques de la croissance pensaient que l'expansion de la modernisation techno-économique conduirait ultimement toutes les régions (après une période de temps plus ou moins longue) à un stade où l'on récolterait les fruits de la société d'abondance. Gandhi croyait que c'est impossible.

3. Le théorème de l'impossibilité de Gandhi. Premier type d'arguments

L'analyse que proposait Gandhi jusqu'ici ne lui était aucunement spécifique. Ce qui suit constitue une contribution qui lui est propre. Pour bien apprécier le point essentiel qui est en jeu, posons la question suivante : étant donné le modèle de croissance de l'économie mondiale décrit ci-dessus, que doit-il être fait pour éliminer les problèmes liés à la pauvreté dans les pays qui sont en retard sur les économies plus avancées ?

La réponse apparemment évidente est que les économies des pays pauvres doivent trouver une façon d'accélérer d'une certaine manière le processus de l'industrialisation moderne et créer une situation dans laquelle la croissance annuelle de l'emploi dans les services industriels modernes est plus grande en nombre absolu que l'accroissement net de la force de travail. Lorsqu'on sera parvenu à une telle situation, il sera possible de réduire le fardeau du chômage en agriculture et de poursuivre la cible de la modernisation rapide du secteur agricole. Avec l'expansion rapide du secteur moderne de l'économie, le nombre absolu des travailleurs dans l'emploi mal payé diminuera, ce qui ouvrira la voie vers la société d'abondance.

À son époque, Gandhi était le seul à être assez lucide pour percevoir la fausseté de cette approche. Il nous faut maintenant examiner en détail sa démonstration de cette fausseté, ce qui constitue en soi une performance analytique de haut niveau. Gandhi s'était rendu compte que la formule selon laquelle la croissance économique moderne conduisait à la victoire sur la pauvreté ne pouvait être valide pour les pays pauvres en général (et non seulement pour quelques pays particuliers) que si, et uniquement si, le monde dans son ensemble pouvait échapper à la pauvreté par la modernisation économique. Le point spécifique que Gandhi voulait établir était qu'on ne peut pas s'attendre à ce que le monde dans son ensemble, considéré comme une seule économie, puisse atteindre la société d'abondance sur la base des technologies modernes de production.

Gandhi a défendu le théorème selon lequel il est impossible de vaincre la pauvreté par l'unique croissance économique en utilisant trois types d'arguments. Le premier repose sur la nécessité pour les économies développées d'avoir des relations économiques inégales avec les économies qui sont en retard sur les leurs. Voici comment se présente l'argument. Chaque économie « développée » constitue une région de développement industriel et urbain « concentrée » qui ne maintient sa prospérité *que parce* qu'il y a des régions « sous-développées » d'où les matières premières peuvent être importées et où les surplus de biens manufacturés peuvent être exportés avec profit. Si l'on admet cette prémisse, il est théoriquement impossible de supposer que l'économie du monde entier puisse être composée exclusivement de zones concentrées de développement industriel. Il s'ensuit donc que si toutes les régions présentement arriérées tentent de s'industrialiser et de se développer, la majorité des économies ne peut qu'échouer[1].

Bien sûr, cet argument que Gandhi utilisait très souvent n'est pas tout à fait juste du point de vue logique. On peut soulever au moins trois objections probantes contre cet argument. Premièrement, on peut soutenir comme un fait empirique que la plus grande partie du commerce des pays développés se fait avec d'autres pays développés et que les *marchés* des pays en développement ne sont aucunement essentiels aux pays riches. Deuxièmement, on peut soutenir que certaines économies riches (p. ex., le Danemark, l'Australie, la Nouvelle-Zélande) sont des exportatrices majeures de matières premières, si bien qu'il est tout à fait possible de concevoir une économie mondiale de nations riches en matières premières qui font du commerce avec des nations riches spécialisées dans l'industrie. Enfin, on peut soutenir que même si l'importation de ressources des régions arriérées est encore très importante aujourd'hui pour la prospérité des nations développées, il existe des possibilités technologiques pour remplacer ces importations par des ressources qu'on peut obtenir dans des pays développés. Sur la base d'arguments de ce genre, on peut réussir à faire la preuve que la prospérité des pays riches ne dépend pas d'une manière essentielle de leurs relations avec des régions pauvres. Dans la mesure où cette preuve est valide, la portée du premier argument de Gandhi s'affaiblit considérablement.

4. Gandhi et le théorème de l'impossibilité : deuxième argument

Bien sûr, Gandhi avait un deuxième type d'arguments en faveur de son théorème de l'impossibilité de vaincre la pauvreté par l'unique croissance économique et, contre ce type d'arguments, les objections ci-dessus perdent toute signification. Cet argument est basé sur la non-faisabilité de la tâche consistant à accumuler des capitaux pour résoudre les problèmes de la pauvreté des

---

[1] Citation d'une conversation avec G. D. Birla dans Mahadev Desai « Weekly Notes », *Harijan,* 30-11, 1935. M. K. Gandhi, « Same old Argument », *Young India,* 7-10, 1926.

économies arriérées par une croissance économique de type moderne. Pour illustrer brièvement ce type d'analyse, examinons le cas de l'Inde contemporaine (1976-77). L'augmentation de la force de travail est d'environ 120 000 travailleurs par semaine, soit environ 6 240 000 travailleurs par année. Au moins 7 500 000 d'emplois doivent être créés chaque année pour avoir un impact appréciable sur les problèmes de la pauvreté. En supposant d'une manière optimiste qu'il ne coûte que 40 000 roupies pour procurer à un travailleur du secteur moderne un emploi au-dessus du seuil de la pauvreté, le niveau d'investissement annuel devrait être d'environ 300 000 millions de roupies au lieu des 120 000 millions investis présentement. Cela implique un niveau d'investissement deux fois et demie plus grand, ce qui est clairement une impossibilité pratique. On peut développer des arguments similaires pour le reste des nations pauvres. Les investissements requis devraient être entre 2.2 et 2.8 fois plus grands que les investissements actuels[2].

La façon typique de contrer ce type d'analyse est de miser sur le long terme. Pourvu que (a) la croissance de la population puisse être fortement et rapidement diminuée, que (b) la mobilisation des ressources puisse être énormément renforcées et que (c) la quantité « d'aide » apportée par les nations riches puisse être rapidement augmentée, il est possible en principe (pour la plupart des pays en développement) d'atteindre, en des périodes variant entre 20 et 35 ans, un stade où l'accroissement de l'emploi dans le secteur moderne commencera à dépasser l'accroissement de la force de travail[3].

Les « si » sur lesquels est basé ce contre-argument sont tous hautement improbables. Même si ces conditions optimistes se réalisaient il faudrait effectivement attendre entre 20 et 35 ans avant que la croissance économique moderne puisse commencer à résoudre le problème de la pauvreté de masse. Néanmoins, ce contre-argument constitue en principe une réponse suffisante à

---

[2] International Labor Office. *Investment Needs for Full Employment,* 1973, p. 18-20.
[3] *ibid.*

l'argument gandhien de la non-faisabilité d'une accumulation adéquate de capital (Das, 1973).

5. Gandhi et le théorème de l'impossibilité : l'argument final

Ces considérations nous amènent à la dernière partie de la « preuve » gandhienne de l'impossibilité d'éliminer la pauvreté de masse par la croissance économique moderne. Supposons que (a) les relations commerciales inégales entre les pays riches et les pays pauvres ont été bien ajustées d'une manière ou d'une autre et que (b) le problème de la mobilisation des ressources d'investissement a été résolu de quelque manière. Sera-t-il alors possible de s'attendre à ce que la croissance économique moderne élimine la pauvreté de masse ? Gandhi soutenait que la réponse serait négative à cause de certaines limites physiques à la croissance[4].

Rappelons-nous que Gandhi a noté la tendance de la modernisation économique à augmenter rapidement la consommation de ressources par travailleur. Plus la technologie se modernise, plus il faut drainer de ressources de la planète pour garder un travailleur pleinement employé. Pour éliminer la pauvreté de masse pendant les 50 prochaines années, nous aurons besoin (a) de développer à un taux élevé le secteur technologique moderne de l'économie mondiale (et le niveau d'emploi qui y est associé) et, simultanément, (b) de permettre une croissance rapide du taux de consommation des ressources par travailleur. L'accroissement très rapide du taux de consommation des ressources dans l'économie mondiale qui en résultera entrera rapidement en conflit avec les provisions limitées de ressources non renouvelables de la terre. Longtemps avant que « chacun » ait pu atteindre un état de prospérité matérielle, la limite des ressources viendra stopper la croissance économique moderne.

Des applications récentes des techniques de l'analyse des systèmes indiquent que la population la plus grande qui pourra être maintenue au niveau de vie standard de l'Europe de l'Ouest est au

[4] M. K. Gandhi, « Snares of Satan », *Young India,* p. 6-8, 1925.

mieux le triple de la population l'ayant actuellement atteint. En notant que la meilleure performance à laquelle on puisse s'attendre sur le front de la population est une stabilisation à environ son niveau actuel, le niveau de prospérité de la population mondiale ne peut, au mieux, que passer son niveau actuel de 30 % à 45 %. C'est le résultat auquel on arrive en tenant compte de toutes les améliorations actuellement connues et anticipées des technologies d'économie d'énergie et des énergies de substitution (Gardiner, 1976).

Bien sûr, telle n'est pas la forme sous laquelle Gandhi a présenté son argument. Son analyse était à la fois moins pointue au plan numérique et plus développée au plan analytique. Il n'a fait que noter les faits suivants. Premièrement, la quantité de ressources nécessaires pour maintenir un travailleur et sa famille au-dessus du seuil de la pauvreté exige (compte tenu des technologies modernes) une consommation annuelle de ressources non renouvelables beaucoup plus grande que celle qu'exigent les technologies traditionnelles. Gandhi a également noté que le coût en ressources non renouvelables d'une existence au-dessus du seuil de la pauvreté est beaucoup plus élevé dans un environnement urbain que dans un environnement rural. L'urbanisation et la modernisation techno-économique sont deux forces qui rendent de plus en plus coûteux (en ressources) de maintenir la famille d'un travailleur au-dessus du seuil de la pauvreté, concluait-il[5].

Il découle d'un tel raisonnement que le plus haut niveau de vie offert par la technologie moderne ne s'acquiert qu'au prix d'un accroissement encore plus rapide du « besoin » de ressources par être humain (Gandhi, 1945).

En d'autres termes, le « progrès » économique moderne constituait, en un certain sens, un recul par rapport à l'efficacité avec laquelle on pouvait utiliser une certaine quantité de ressources pour assurer le bien-être matériel[6]. Il est impossible d'en arriver à un apparent accroissement de la prospérité et de l'influence de

---

[5] M. K. Gandhi, « The Cost of Escape from Poverty », *Harijan*, p. 3-8, 1938.
[6] J. C. Kumarappa, « Gandhi's Criticism of the Machine », *Harijan*, p. 5-6, 1945.

certains humains sans que ceux-ci « s'approprient » une partie croissante des ressources mondiales (Gandhi, 1945).

À l'intérieur d'un environnement de ressources limitées comme la terre, soutenait Gandhi, la voie de la sagesse se situe dans la recherche de façons de moins en moins coûteuses d'atteindre un niveau de vie au-dessus du seuil de la pauvreté. La croissance économique moderne suit une direction exactement opposée en rendant de plus en plus coûteuse l'atteinte d'un niveau de vie acceptable. « Ce n'est pas en suivant une voie contraire à la sagesse, a déclaré Gandhi dans les paroles les plus prophétiques qu'il a prononcées à ce sujet, que l'on résoudra les problèmes économiques auxquels l'humanité se trouve confrontée. C'est la voie la plus sûre vers un désastre de proportions inimaginables. [...] la civilisation de la machine cannibalise les ressources de la Mère Terre sans réussir à les remplacer [...]. Cela ne peut conduire qu'à la pauvreté ultime et à la ruine. Je ne plaide que pour un retour aux vrais principes de l'économie [...] et pour un arrêt de ce gaspillage insensé des ressources dont la nature nous a dotés si généreusement » (Gandhi, 1945).

6. Une ultime défense de l'analyse gandhienne

Pendant la dernière décennie, des chercheurs dans plusieurs domaines ont commencé à nous avertir des dangers imminents d'une panne dans le processus de croissance économique moderne. Les preuves qui s'accumulent confirment totalement les intuitions de Gandhi (Tofler, 1970 ; Semiramis, 1974 ; Fuller, 1973 ; Wright, 1971). Nous possédons maintenant des informations sur plusieurs points importants :

1) l'épuisement presque complet de plusieurs ressources critiques non renouvelables ;
2) la cannibalisation de la richesse en plantes et en animaux qui abîme sérieusement la capacité de la terre de supporter la vie humaine ;
3) la pollution de l'environnement qui atteint un niveau de risque majeur pour la santé ;

4) des environnements urbains qui deviennent rapidement inutilisables pour une existence humaine civilisée ;
5) des maladies iatrogènes (c'est-à-dire créées par la médecine elle-même) qui deviennent une menace qui rivalise avec les causes traditionnelles de la morbidité et de la mortalité.

Ce n'est pas que l'on ne peut pas concevoir des façons suffisamment rapides de surmonter ces crises pour éviter le désastre. Le point à souligner est que toutes les solutions envisageables ont tendance à impliquer un rejet de la croissance économique[7] comme objectif primordial de la politique. Elles impliquent d'ailleurs une acceptation des éléments suivants :

- un standard de vie à l'opposé de la pauvreté plutôt qu'une lutte pour une abondance illimitée ;
- un modèle de vie décentralisé plutôt qu'un style de vie centralisé, industriel et urbain ;
- une insistance sur la protection, le recyclage et l'utilisation contrôlée des ressources non renouvelables plutôt que sur une utilisation sans discernement des « ressources en vue du développement » ;
- une préférence pour les environnements « propres », les écologies équilibrées et les « modes de vie naturellement sains » plutôt que l'engouement pour la consommation matérielle ;
- un engagement envers le devoir humain d'entretenir et de protéger la nature et la vie non humaine plutôt qu'une attitude d'accaparement et d'exploitation des ressources matérielles.

Comme il deviendra clair plus loin, ce sont exactement les priorités qui guident le programme gandhien de reconstruction économique.

En somme, la critique gandhienne de la croissance économique moderne s'élabore sur trois plans. Premièrement, nous avons l'argument basé sur le « besoin » des régions développées d'avoir accès à des arrière-pays arriérés et sur l'impossibilité qui en résulte d'un monde uniformément prospère. Au deuxième niveau, nous avons l'argument de « l'impossible réalisation » du degré

---

[7] E. J. Mishan, *21 Economic Fallacies*, Oxford, 1974.

d'accumulation du capital nécessaire dans les économies arriérées pour éliminer la pauvreté par la croissance économique moderne. Plus fondamentalement, nous avons l'argument basé sur les problèmes de l'épuisement des ressources et des dommages à l'environnement provoqués par la croissance économique moderne, et sur l'impossibilité de maintenir la croissance économique moderne dans le monde entier à des taux qui ont réellement des chances d'éliminer la pauvreté.

Une fois que nous acceptons la validité de l'argument fondamental (c'est-à-dire quand nous abandonnons l'illusion du potentiel de la croissance illimitée), nous pouvons voir les arguments des deux premiers niveaux sous un nouveau jour. Puisque la *taille* de la population vivant dans l'abondance est limitée (pour le futur prévisible), la lutte pour le développement se résume, pour une économie nationale, à une lutte pour s'emparer d'une plus grande part des ressources disponibles. Dans la mesure où de plus en plus de pays participent à cette lutte, les chances objectives d'un échec augmentent rapidement. De même, comme il y a une limite supérieure au taux mondial d'accumulation de capital, l'idée qu'un capital suffisant puisse être rendu disponible pour l'élimination de la pauvreté dans les pays pauvres par la croissance économique moderne apparaît complètement irréalisable. En ce sens, les arguments gandhiens de niveau inférieur finissent par apparaître comme des versions simplifiées et partielles de la critique fondamentale de la croissance économique moderne.

7. Les réalités de l'intérêt de classe

Une fois qu'on a reconnu que le niveau futur de la prospérité mondiale est une *illusion*, nous avons une vision nouvelle des réalités de l'intérêt de classe. Plus précisément, nous voyons qu'il ne peut absolument pas être question d'une collaboration entre l'élite et la masse de *n'importe quel pays pauvre* sur la base d'une *stratégie de croissance* en vue de répondre aux pressions du monde moderne. Il est certain que cela conduira seulement à la prospérité croissante de l'élite et à la pauvreté croissante de la masse des gens. La seule stratégie qui peut conduire à une collaboration de l'élite et de la masse dans une perspective à long terme est une stratégie de développement selon les orientations fournies par Gandhi.

Il devient également clair que pour maintenir leur intérêt de classe, les élites internationales doivent à tout prix maintenir la collaboration entre les élites des pays riches et celle des pays en développement. Toute l'idéologie de la modernisation comme cible essentielle de la politique pour les économies pauvres est un sous-produit de la tentative des élites internationales pour maintenir l'illusion qu'une prospérité mondiale est *possible*. La diffusion de cette illusion, à laquelle les élites des pays pauvres succombent facilement parce qu'elle sert leurs intérêts, a une conséquence grave. La diffusion de la croyance en la possibilité d'une prospérité universelle et la confrontation de cette croyance avec la croissance de la pauvreté crée dans les pays pauvres une atmosphère où les élites ne peuvent maintenir leur autorité qu'en augmentant leur degré de violence et de répression. Cette situation entraîne une réaction de violence de la part des masses, ce qui conduit soit à un chaos prolongé ou aux terribles confrontations qui apparaissent lors des guerres civiles. Tout le poids de la contradiction de classe au niveau mondial est alors transféré aux économies pauvres de la périphérie. À cause de leur avidité et de leur croyance en l'illusion de la prospérité universelle, les élites de ces pays deviennent les laquais du système international d'exploitation.

Pour que ces cercles vicieux imbriqués les uns dans les autres qui définissent la situation difficile des nations pauvres puissent être brisés dans un pays particulier, il faut que les élites de ce pays *décident* d'accepter le fait que la prospérité universelle est impossible et que la poursuite de celle-ci doit inévitablement les engager dans des tentatives de plus en plus violentes pour réprimer la marée montante des aspirations de la masse. Une telle décision leur permettra de voir qu'il existe une possibilité de transcender les modèles actuels de contradictions de classe *à l'intérieur* du pays. Et on peut y parvenir en adoptant la voie gandhienne du développement.

8. Par-delà les contradictions de classe

La vision gandhienne de la lutte des classes comme une contradiction entre les *élites* et les *masses*, plutôt qu'entre les *salariés* et les *capitalistes* comporte trois traits distinctifs. Premièrement, c'est une lutte des classes qui est *inévitable en un seul sens* (c'est-à-dire en tant que sous-produit de l'évolution des modèles économiques mondiaux) et qui, en même temps, est *évitable* (puisque l'élite de n'importe lequel pays peut choisir de sortir du modèle de développement international). Cette position est de beaucoup supérieure à la vision purement déterministe qui rend la lutte des classes totalement inévitable ou à l'attitude purement volontariste de ceux qui croient que la collaboration de l'élite et des masses est possible en toutes circonstances.

Deuxièmement, la vision gandhienne de la lutte des classes permet de définir précisément ce qui rend possible la collaboration entre les classes et ce qui la rend impossible. La condition critique est que l'élite accepte le modèle de croissance gandhien. Qu'il y ait ou non des révolutions politiques, qu'une élite soit détrônée ou non par une autre, que le système économique demeure capitaliste ou soit réorganisé sur une base socialiste, les contradictions de classe entre la masse et l'élite demeurent inévitables aussi longtemps que le modèle de développement gandhien n'est pas accepté.

Enfin, l'analyse de Gandhi indique également que l'adoption de la stratégie gandhienne par l'élite d'un pays pauvre approfondira inévitablement la contradiction entre les travailleurs et les élites dans les nations plus riches. Donc, ultimement, lorsqu'un grand nombre de pays pauvres accepteront la voie gandhienne, le stress des contradictions gandhiennes dans les économies riches les forcera à adopter elles aussi une structure économique collaborative. Chaque victoire de la voie gandhienne dans une économie coloniale est donc une victoire pour la voie gandhienne au niveau international.

Il *existe* donc une possibilité (a) de résoudre les contradictions de classe dans les pays pauvres et (b) d'éliminer peu à peu les contradictions internationales. Dans les deux cas, la condition est que l'*élite* des économies pauvres accepte le message de Gandhi. Dès que *l'élite adopte la voie de la non-violence*, il devient possible en pratique de *transcender la lutte des classes*. Nous arrivons ici au nœud ultime et central de la structure entière de la pensée économique gandhienne. Est-il possible, par des méthodes non violentes, d'amener les élites des pays pauvres à adopter le « renversement des valeurs » ? Est-il possible de parvenir à un « changement de mentalité » ?

CHAPITRE XI. LA THÉORIE DES RÉFORMES ÉCONOMIQUES NON VIOLENTES

D'interminables disputes ont fait rage autour du concept gandhien de réformes économiques non violentes et de collaboration des classes. La critique la plus virulente est venue du côté de l'idéologie marxiste, puisque la position de Gandhi sur la « collaboration des classes est en quelque sorte contraire, c'est du moins ce que l'on croit, aux conceptions marxistes du caractère inévitable d'une lutte des classes de plus en plus âpre et d'une révolution violente. À partir de ce qui a été dit plus haut, il est clair que la dispute ne peut pas être vue comme une alternative entre une « réforme non violente » et une « révolution violente ». La « révolution violente » est une méthode qui consiste à remplacer une *élite* par une autre. Une telle petite modification à l'intérieur des élites ne change rien à la nature de la lutte des classes entre l'élite et la masse ou aux réformes économiques, pas plus qu'un changement à la tête d'une entreprise ne change la nature des relations entre les travailleurs et les gestionnaires. La solution de rechange à une « réforme économique non violente » n'est pas une « révolution violente », mais une « approche violente de la réforme économique ». Tentons d'examiner cela un peu plus en détail.

1. Le concept de « classe »

La théorie marxiste de la « classe » se base sur la *propriété* des moyens de production. À l'époque présente, les classes se répartissent en capitalistes et en travailleurs. Gandhi propose plutôt un schéma basé sur le contrôle du processus de croissance économique. Dans le schéma gandhien, la classe qui tient le pouvoir de *mobiliser* et d'*attribuer* les ressources que de la société peut investir (un pouvoir qui persiste même lorsque l'ordre capitaliste est remplacé par un ordre socialiste et lorsque la propriété des moyens de production est confiée à l'État) s'oppose à la classe qui n'a pas d'influence significative sur ces décisions.

À l'ère contemporaine et dans le contexte des économies pauvres, le système des classes est construit sur une polarité entre les sections de la population qui sont riches et technologiquement avancées (elles peuvent être des « capitalistes » dans le sens marxiste, des politiciens élus démocratiquement, des fonctionnaires de l'État ou enfin des intellectuels proches du pouvoir établi – tous ces éléments pris ensemble constituent la classe dirigeante) et les masses dont le destin est d'être traînées dans le véhicule de l'« élite à tendance modernisante ». Voilà ce qui, selon Gandhi, est la véritable polarité de classe et non les polarités entre les riches et les pauvres ou les propriétaires et les travailleurs qui, même si elles existent, ne sont pas des faits inéluctables.

2. Faire la révolution, ou remplacer des élites par d'autres élites

Que ce soit par la révolution, par la boîte de scrutin ou par toute autre méthode, il est évidemment impossible que les masses deviennent les dirigeants. La différence fondamentale entre les dirigeants et les dirigés demeure. Envisagée sous cet angle, une « révolution socialiste » apparaît comme un processus par lequel les fonctionnaires et les politiciens de l'État remplacent les capitalistes comme contrôleurs des moyens de production. La prétention *idéologique* qu'a cette nouvelle élite de gouverner au nom du prolétariat apparaît comme une façade verbale. Les travaux de Milovan Djilas, d'Andrei Amalrik et de Sakharov, d'un côté, et les analyses de Mao Tse-Tung, de l'autre, illustrent la justesse de ce point de vue. Djilas, Amalrik et Sakharov ont amplement démontré qu'il est possible pour une « élite socialiste » de se comporter d'une manière tout aussi égoïste et oppressive que l'« élite capitaliste ». En fait, à cause de son caractère monolithique, l'oppression peut être encore plus inéluctable. Dans une approche analytique marxiste, l'analyse de l'« impérialisme social » par Mao Tse-Tung indique comment « les vestiges de la *bourgeoisie* se consolident dans le cadre de la machinerie de l'État et changent le caractère du régime en un capitalisme avec monopole de l'État. Il en découle que Gandhi avait raison de soutenir que la révolution économique violente ne « change rien » et qu'elle ne peut pas par elle-même constituer la solution au problème de la réforme économique. Aujourd'hui, toutes les élites gouvernent au nom du « peuple ».

3. Pas de réforme sans changement de mentalité

Pour avoir un sens valide, la « réforme économique » exige que les élites abandonnent l'idéologie de la prospérité universelle par la croissance économique moderne. *Il ne peut pas y avoir de réforme tant qu'il n'y a pas eu ce changement de mentalité.* Le seul vrai problème est de savoir si une élite véritablement tournée vers le peuple devrait changer les conditions économiques avec des méthodes violentes ou non violentes. Le problème n'est pas celui du choix entre la réforme et la révolution, mais celui du choix entre une approche centralisée et dictatoriale de la réforme économique (basée sur la suppression violente de tous les intérêts acquis qui s'opposent à la politique économique courante) et une approche non violente et progressive de la réforme économique (basée sur une politique où l'on tente de ne pas laisser les conflits dégénérer jusqu'à la violence).

Le message de l'idéologie gandhienne de la non-violence s'adresse principalement à l'*élite*. Il appelle l'élite (a) à cesser d'opprimer les masses par son engagement cupide actuel envers un idéal de prospérité irréalisable et (b) à adopter, sur la base de ce changement de mentalité, une stratégie de réforme économique graduelle et non violente. Gandhi n'était jamais lassé de souligner que de ne pas adopter les voies de la réforme non violente aurait pour résultat d'entraîner de violentes révoltes des masses. Nous ne devrions pas nous imaginer qu'il recommandait la « non-violence aux masses ». L'évangile gandhien de la non-violence ne visait pas ceux qui souffrent de la violence sociétale ; il visait le groupe qui profite de la violence et qui est violent. Recommander la non-violence à ceux qui souffrent de la violence est une forme d'apologétique que Gandhi détestait. Cela aurait été à son avis l'équivalent d'une « lâcheté pire que la violence ».

4. L'action de masse non violente

Gandhi a développé une solution qu'il recommandait comme le remède souverain à l'oppression économique et l'ultime moyen de réaliser une théorie élaborée de l'action de masse non violente (*satyagraha*[1]). Bien sûr, en ce sens, nous pouvons dire que Gandhi « recommandait » la non-violence aux masses. Cependant, la théorie doit être interprétée à un niveau logique pertinent.

Dans la situation sociohistorique qu'affrontait Gandhi, la seule solution de rechange à la résistance non violente des masses était la passivité non violente des masses. Comme Gandhi n'a jamais cessé de le souligner, son intention était d'introduire les masses au concept de « lutte » et de les guérir de la lâcheté. Selon lui, une fois que les masses auraient pris l'habitude de la « lutte », la lutte non violente des masses aurait une puissance plus que suffisante pour réparer les torts subis par *les individus*.

Le *satyagraha* n'était que l'un des côtés d'une stratégie à deux volets, l'autre étant la conversion de l'élite par la propagande et la non-coopération. Il disait que le *satyagraha* « ne peut servir à réparer un système fautif, il n'est efficace que pour réparer des erreurs individuelles. » Et il ajoutait : « Si l'on veut changer la société, il faut regarder ailleurs ». Autrement dit, il faut rendre le peuple capable de se passer de l'élite en faisant en sorte qu'il se crée lui-Même un système où il répondrait lui-même à ses propres besoins au moyen d'organisations locales appropriées.

5. La non-coopération comme force coercitive

En d'autres termes, Gandhi concevait la non-coopération comme la principale force grâce à laquelle l'élite pourrait se laisser convaincre d'opérer les changements de mentalité nécessaires.

---

[1] *satya* + *āgraha*, le fait de s'attacher obstinément (*āgraha*) à la vérité (*satya*). Attitude proposée par Gandhi et qui substitue à la violence une attitude qui consiste à laisser agir par elle-même la seule vérité de la politique qu'il propose avec toute la force d'un engagement total (A. Couture).

Gandhi n'a jamais cru que « la douceur et la raison » suffirait pour réaliser les changements nécessaires. Il basait toute sa lutte sur le concept de non-coopération du peuple avec l'élite. Une fois que le travail constructif aurait suffisamment progressé pour que le peuple d'une localité particulière n'ait plus à dépendre de l'élite pour ses biens essentiels, c'est alors, croyait-il, que la non-coopération acquerrait sa force contraignante ultime.

Un point de grand intérêt ici est la convergence [de la position de Gandhi] avec le concept développé par Mao Tsé-Tung de l'impossibilité pour des régions libérées de devoir dépendre des villes et des usines pour leurs biens essentiels. Toute approche *vraiment* révolutionnaire exige ce fondement logistique. Le travail constructif sur lequel Gandhi se concentre peut être considéré comme la base logistique d'une révolution non violente.

Selon Gandhi, lorsque la base logistique aura besoin d'être développée au strict minimum nécessaire, la menace d'une non-coopération de masse sera en elle-même suffisante. L'élite serait alors confrontée au choix difficile de tenter de gouverner par la force brutale ou d'opérer un changement de mentalité. Comme la voie de la non-violence garde cette dernière option ouverte jusqu'au dernier moment, Gandhi croyait que l'élite finirait par l'adopter. Toutefois, il était parfaitement conscient qu'elle pourrait ne pas le faire. La violence pourrait alors survenir, mais c'est l'élite qui en serait responsable.

6. La signification de la non-violence

On peut concevoir la lutte de masse non violente sur le modèle du jeu du poulet, pendant lequel les deux opposants subissent des tensions qui augmentent jusqu'au point de rupture qui se produit quand l'un des deux cède à la pression et se voit disqualifié aux yeux de son concurrent[2]. La lutte de masse non violente place de

---

[2] Le poulet (dans le jeu du poulet, appelé aussi bras de fer) est le surnom donné au pilote qui s'écarte volontairement de la voie de son adversaire plutôt que de risquer la collision ou l'impasse totale (NdT).

même l'élite devant l'option de se dégonfler ou d'accepter de provoquer la guerre civile.

Cependant, contrairement à ce qui se passe dans le jeu du poulet, la stratégie gandhienne offre à l'élite (à chacune des étapes d'une confrontation montante) de détendre le conflit sans « perdre la face » ou se voir menacé de disparaître. L'élite peut alors choisir entre soit laisser éclater la guerre civile soit adopter la stratégie de développement proposée par Gandhi. Si l'élite choisit l'option la plus rationnelle, il n'y a de menace ni pour son honneur, ni pour une existence selon les normes de la classe à laquelle elle appartient, ni même pour son niveau de vie (sauf toutefois si une stratégie de développement différente interrompt son développement). Dans de telles circonstances, il est probable que les élites choisiront l'option la plus douce si elles veulent se comporter d'une manière rationnelle. La question ultime est donc : les élites sont-elles rationnelles ? Si elles le sont, le système de changement de Gandhi est rationnel. Si les élites adoptent un comportement qui défie la raison (de manière à ce que leur nature de classe remporte la victoire sur leurs pouvoirs de raisonnement), l'approche gandhienne ne pourra pas fonctionner.

Cependant, même s'il était vrai que les élites ne sont pas rationnelles dans la poursuite de leurs intérêts, il ne s'ensuit pas que la violence pourra fonctionner. Il en est ainsi parce *qu'après la révolution violente*, le problème de la contradiction élite-masse et celui de la libération économique de la masse confrontée aux stratégies d'auto agrandissement et d'accumulation de l'élite se poseront à nouveau. Si toutes les élites sont irrationnelles, l'élite post-révolutionnaire le sera elle aussi. Rien de fondamental n'aura alors été changé et rien n'aura été réalisé. L'hypothèse de l'irrationalité des élites conduit alors à la conclusion non pas que la violence fonctionnera, mais que rien ne fonctionnera.

7. Prérévolution et postrévolution

Effectivement, la doctrine de la révolution violente a comme point de départ la position contradictoire selon laquelle les règles de la « science sociale » qui s'appliquent avec une rigidité infaillible jusqu'à la révolution *ne s'appliquent pas du tout* dans la situation postrévolutionnaire. Parmi les marxistes, le seul penseur qui a vu la pertinence de ce point est Mao Tse-Toung. Sa réponse à ce dilemme s'articule comme suit. Avant et après la révolution, la stratégie doit être de maximiser la collaboration entre les classes et, comme il l'indique, « de ne combattre personne qui ne se propose pas lui-même de se battre ». Les paysans, les travailleurs, la petite bourgeoisie, les technocrates aliénés, tous sont bienvenus dans le sillage maoïste prérévolutionnaire. Les seules exceptions auxquelles Mao refuse la possibilité d'un changement de mentalité sont les *gros* capitalistes qui sont alliés avec le *monopole international du capital*. De même, la stratégie maoïste postrévolutionnaire est aussi un plaidoyer pour le développement de la collaboration le plus large possible entre les classes. La révolution doit être entreprise dans un esprit de révolution permanente, tant dans la sphère économique que dans la sphère culturelle. Le processus de réforme économique postrévolutionnaire doit être progressif, graduel et « il ne doit s'aliéner personne inutilement plus tôt que ce ne soit nécessaire ».

Tout cela est très proche des doctrines du gandhisme. Nous voyons la même attitude selon laquelle l'ennemi est l'*élite internationale* qui impose de force des modèles de développement inappropriés aux économies pauvres. Nous y trouvons la même antithèse entre (1) la grande et la petite industrie, (2) la ville et le village et (3) l'accumulation et l'emploi. Nous y trouvons également le même engagement en faveur du concept d'un changement économique graduel basé sur une large coalition des paysans, des travailleurs et de la petite bourgeoisie. Nous y trouvons enfin la doctrine selon laquelle il faut éviter les confrontations partout où c'est possible.

8. L'écart irréductible

Il n'y a qu'un seul écart irréductible qui sépare les analyses d'un marxiste réfléchi et rationnel comme celles de Mao et celles de Gandhi. Cet écart se situe entre une attitude qui commence en regardant une révolution violente comme *inévitable* et qui souligne donc la nécessité de bien s'y préparer, et une doctrine qui commence en regardant la révolution violente comme *évitable* et qui veut donc se préparer à la résolution du conflit. La première approche aboutit à une prophétie autoréalisatrice, puisqu'un mouvement qui tient la révolution violente pour *inévitable* produit par lui-même le résultat attendu. L'approche gandhienne, étant une voie d'*espoir*, ne peut pas être autoréalisatrice de cette manière. Elle peut seulement tenter de faire de son mieux et laisser le reste à l'Histoire. Telle doit en effet être la position de toute doctrine empiriste qui ne prétend pas avoir découvert le secret de l'histoire humaine.

CHAPITRE XII.
UNE SYNTHÈSE DES CONCLUSIONS

Nous sommes maintenant arrivés à la fin de notre examen des fondements de l'économie gandhienne. Récapitulons ce que nous avons appris. Les gains dans la compréhension des problèmes de stratégie de développement des nations pauvres peuvent se résumer comme suit.

1. Le diagnostic des causes de la pauvreté

Lorsqu'il se situe sur le plan de l'analyse économique, Gandhi identifie les causes de la pauvreté de masse croissante dans les économies sous-développées comme le résultat de deux types d'erreurs dans la prise de décision de l'élite qui contrôle la mobilisation et l'allocation des ressources d'investissement. La première erreur consiste, au plan technique, à tenter de moderniser *plus vite* que le permettent les conditions de l'économie (voir chapitres I et II). À cette erreur s'ajoute ensuite celle de tenter d'utiliser le mécanisme du commerce international d'une manière accumulative, ce qui accroît la densité de capital de la combinaison d'investissements. Ces deux erreurs conduisent à une situation où il n'y a pas assez de ressources disponibles pour créer suffisamment de nouveaux emplois. Tout cela cause une augmentation du chômage structurel et devient la raison fondamentale d'une pauvreté croissante (comme au chapitre I).

Ces deux erreurs reposent sur la fausse idée politico-économique fondamentale que les économies pauvres actuelles peuvent parvenir à une société d'abondance grâce à la croissance économique moderne. C'est l'erreur primordiale (voir le chapitre X) qui incite les élites des pays pauvres à participer au jeu économique de l'élite mondiale et à s'associer à l'actuel système international d'exploitation. Aussi longtemps que les élites des pays pauvres ne réussissent pas à reconnaître qu'il est ultimement impossible d'accéder à l'abondance universelle, elles sont forcées de diverses manières (comme il a été montré au chapitre VIII) de développer une conception du « développement » qui conduit inévitablement à de telles erreurs.

2. La nécessité de se « retirer »

L'économie gandhienne parvient à démontrer qu'il est nécessaire de quitter le jeu du développement international. Une fois cette décision prise, on peut procéder à une refonte du processus du développement selon un modèle semi-autarcique (voir le chapitre IX) où le commerce international est utilisé seulement pour obtenir un minimum d'avantages sur la base d'un modèle de croissance nationale équilibrée (au chapitre VI).

Cette même décision permet aux élites des pays pauvres de passer d'une stratégie de croissance qui intensifie inévitablement les conflits de classes à une stratégie qui pourra s'avérer une base stable pour la collaboration entre les classes (voir les chapitres X et XI). La stratégie de développement gandhienne est donc fondée sur une décision selon laquelle l'élite d'une économie pauvre *prend parti* pour les pauvres de son propre pays et contre l'élite internationale plutôt que pour l'élite internationale contre ses concitoyens les plus pauvres. Gandhi croyait (voir chapitre XI) qu'une société pourrait être amenée à prendre une telle décision au fil des luttes de masse non violente basées sur le principe de la non-coopération. Nous avons vu que cette conviction était fondée sur une analyse réaliste et qu'elle ne peut pas être rejetée comme si c'était une façon de prendre ses désirs pour des réalités. Bien sûr, comme le cours de l'histoire ne peut faire l'objet de prédiction scientifique, il ne peut être démontré que la stratégie politique de Gandhi *doit* fonctionner. On peut cependant présumer qu'elle a une bonne chance de fonctionner.

3. Que faut-il faire ?

Les idées fondamentales sous-jacentes à la stratégie de développement de Gandhi sont de deux ordres. D'une part (chapitre II), la stratégie implique une redirection du flux de l'investissement vers les secteurs d'activité à haute densité de main-d'œuvre et l'adoption de certains critères concernant les innovations technologiques (chapitre II et annexe A). D'autre part, c'est aussi une stratégie qui met l'accent sur la réalisation progressive d'un ordre économique collaboratif (chapitre X et annexe D). Cette approche conduit à une stratégie de développement sophistiquée qui précise le contenu des programmes de développement, la structure des agents chargés de la mise en œuvre de ces programmes, les instruments de la politique de développement, l'utilisation appropriée des opportunités du commerce extérieur et la façon précise de coordonner les outils de la politique économique (chapitres III, IV, V et VI).

4. La transition

Évidemment, la mise en application de toute la série de ces suggestions stratégiques ne saurait être possible immédiatement après que la décision politique aura été prise de passer à la voie vers le développement économique préconisée par Gandhi. Il faudra prendre le temps (a) d'établir et de rendre fonctionnelle la structure institutionnelle appropriée, (b) de lancer des campagnes d'éducation essentielles au passage à cette nouvelle idéologie et (c) de surmonter l'inertie des décisions économiques qui ont déjà été prises dans le passé. Il faudrait donc allouer une période minimale de temps avant que le système gandhien puisse être mis en pleine opération. Cela soulève le problème de la transition d'un régime économique non gandhien à un régime gandhien. Ce problème est discuté dans l'annexe B. Seuls les points saillants ont été notés ici.

Le système de transition implique une utilisation délibérée de la planification centralisée pour créer les conditions favorables à la décentralisation économique. Cette planification oblige à insister fortement sur la construction de l'infrastructure physique et sociale nécessaire au fonctionnement de l'économie gandhienne. Elle implique aussi une forte réorientation du modèle d'investissement dans des directions qui permettent de surmonter les déséquilibres passés et de mettre l'économie dans une position où l'application radicale de la stratégie de développement gandhienne devient viable. On peut supposer qu'une économie pauvre prendra de trois à cinq années avant de compléter cette phase de transition.

5. Remarques finales

Nous avons vu que le système gandhien de reconstruction des économies pauvres est un système global de pensée et d'action qui fournit aux économies pauvres leur seule chance d'échapper à la pénible situation qui est la leur actuellement. Les « fondations » proposées par Gandhi sont les assises appropriées sur lesquelles il faut construire pour contrer de façon systématique et satisfaisante le problème de la pauvreté de masse dans n'importe quel pays pauvre. Bien sûr, pour chaque pays, la stratégie gandhienne générale devra être modifiée selon les caractéristiques particulières de ce pays.

Le progrès de notre connaissance des économies des pays en développement devra s'intégrer à la stratégie générale. Notre présent essai montre dans quelle mesure une reformulation contemporaine des principes fondamentaux de la stratégie gandhienne de la reconstruction économique peut s'éloigner des formulations classiques. Il faut continuer à proposer de nouvelles reformulations des idées de Gandhi. L'économie gandhienne n'est pas un recueil statique de vérités éternelles, mais un système en évolution qui s'est lui-même adapté graduellement à l'état des connaissances et aux conditions concrètes d'une histoire en évolution.

ANNEXES

A. Une note technique sur la stratégie de développement de Gandhi

Notre but dans cette section est de développer une version mathématique simple des idées gandhiennes fondamentales sur la stratégie de développement. On s'attend à ce qu'elle soit utile pour un arrière-plan analytique rigoureux aux arguments présentés en mots dans les chapitres I et II du texte principal.

1. Le modèle fondamental

L'économie a deux secteurs : un secteur traditionnel à haute densité de main-d'œuvre et un secteur moderne à haute densité de capital. Les niveaux initiaux de capital-actions dans chaque secteur (K_{MO} et K_{TO} respectivement dans le secteur moderne et le secteur traditionnel) sont associés à deux technologies données. Les ratios extrants/capital sont respectivement β_M et β_T (de manière à ce que $\beta_T > \beta_M > 0$) et les ratios intrants de main-d'œuvre/capital sont respectivement θ_M et θ_T (de manière à ce que $\theta_T > \theta_M > 0$). Les ratios d'épargnes dans les deux secteurs sont S_M et S_T. Il y a un autre postulat à l'effet que $S_M \beta_M > S_T \beta_T$, de manière à ce que la génération de surplus qu'il est possible d'investir par unité de capital-actions soit plus grande dans le secteur moderne que dans le secteur traditionnel.

Représentons par les symboles g_{MO} et g_{TO} le taux de croissance planifié du capital-actions dans les deux secteurs (pendant la période initiale en question). Les paires de taux réalisables de ces deux taux sont liées par la relation épargnes-investissement :

$$g_{MO}K_{MO} + g_{TO} K_{TO} = S_M \beta_M K_{MO} + S_T \beta_T K_{TO} \qquad (1)$$

Cette équation peut être réécrite comme suit :

$$g_{TO} = S_T \beta_T + (S_M \beta_M K_{MO} - g_{MO}) (K_{MO}/ K_{TO}) \qquad (1')$$

Cela indique que la valeur réalisable du taux de croissance du stock de capital-actions dans le secteur traditionnel est déterminée par le taux d'accumulation planifiée dans le secteur moderne. Le lieu correspondant à cette équation sur un espace cartésien à deux dimensions sera appelé le lieu de la croissance réalisable.

L'augmentation totale générée dans la demande en intrants de main-d'œuvre pendant la période initiale est :

$$\theta_M g_{MO} K_{MO} + \theta_T g_{TO} K_{TO} \qquad (2)$$

Il faut maintenant définir l'augmentation de la capacité de l'économie de fournir des intrants de main-d'œuvre. L_0 représente la fourniture initiale de travailleurs (définie comme la population en âge de travailler) et g_L représente son taux naturel de croissance. Si H est le niveau normal d'intrants de main-d'œuvre par travailleur, l'augmentation de la capacité de l'économie de fournir des intrants de main-d'œuvre est :

$$Hg_L L_0 \qquad (3)$$

Le chômage structurel augmentera si :

$$Hg_L L_0 > \theta_M g_{MO} K_{MO} + \theta_T g_{TO} K_{TO} \qquad (4)$$

Gandhi décrivait de la manière suivante le problème de la planification à court terme de l'emploi : l'exigence minimale est de garantir que le chômage n'augmente pas. Nous avons donc l'équation suivante :

$$\theta_T g_{TO} K_{TO} = Hg_L L_0 - \theta_M g_{MO} K_{MO} \qquad (5)$$

Cette équation peut être réécrite de la manière suivante :

$$g_{TO} = \frac{Hg_L L_0}{\theta_T K_{TO}} - \frac{\theta_M K_{MO}}{\theta_T K_{TO}} g_{MO} \qquad (6)$$

Cette équation définit le taux de croissance minimum requis du secteur traditionnel correspondant aux divers niveaux de l'accumulation planifiée du capital dans le secteur moderne. Le lieu correspondant à cette équation sur un espace cartésien à deux dimensions sera appelé le lieu du besoin de croissance.

L'intersection du lieu de la croissance réalisable et du lieu du besoin de croissance définit une paire de taux de croissance sectoriels ($\bar{g}_{MO}$, $\bar{g}_{TO}$) dans laquelle $\bar{g}_{MO}$ est le taux de croissance maximum du capital du secteur moderne que le système économique peut soutenir sans augmenter le chômage et $\bar{g}_{TO}$ est le taux correspondant d'accumulation dans le secteur traditionnel que le système économique doit maintenir pour que le chômage n'augmente pas.

La valeur pertinente de $\bar{g}_{MO}$ peut être trouvée en substituant l'équation (1) par l'équation (6). Ce qui fournit la donne la solution suivante :

$$\bar{g}_{MO} = \frac{\theta_T (S_T\beta_T K_{TO} + S_M\beta_M K_{MO}) - H_{GL} L_0}{(\theta_T - \theta_M) K_{MO}} \quad (7)$$

Cette solution sera positive si, et seulement si :

$$\underline{\theta_T}(S_T\beta_T K_{TO} + S_M\beta_M K_{MO}) > H_{GL} L_0 \quad (8)$$

Cette inégalité implique que la limite supérieure du taux d'accumulation ne peut être strictement positive que si le fonds de ressources (s'il a été totalement investi dans le secteur traditionnel) est plus que suffisant pour couvrir l'augmentation de la capacité de l'économie à fournir de la main-d'œuvre. La condition correspondante pour que le taux g_{TO} soit strictement positif est :

$$\underline{\theta}_M (S_T\beta_T K_{TO} + S_M\beta_M K_{MO}) > H_{GL} L_0 \quad (9)$$

Cette inégalité implique que les surplus qu'il est possible d'investir (s'ils ont été entièrement investis dans le secteur moderne) doivent avoir été trop petits pour générer l'augmentation minimum requise par l'augmentation de la demande d'intrants de main-d'œuvre. Gandhi faisait l'hypothèse empirique que les deux inégalités seraient réalisées dans les économies pauvres contemporaines. C'est l'hypothèse de la quasi-insuffisance du fonds d'investissement à laquelle on a référé dans le texte principal.

Le taux maximum réalisable de la modernisation de l'économie est défini par le ratio du taux d'accumulation dans l'économie moderne et dans les secteurs traditionnels en accord avec la solution limitative ($\bar{g}_{M0}$, $\bar{g}_{T0}$). Le taux maximum de modernisation réalisable devient alors :

$$\frac{\bar{g}_{M0}}{\bar{g}_{T0}} \qquad (10)$$

Si cela dépasse l'unité, une modernisation nette sera possible pendant la période courante. Plus simplement, la modernisation nette se produira si, et seulement si, $\bar{g}_{M0} > \bar{g}_{T0}$, ce qui se réduit (après les substitutions appropriées) à la relation intrigante :

$$\frac{\theta_T(S_T\beta_T K_{TO} + S_M\beta_M K_{MO}) - H_{GL} L_0}{K_{M0}} > \frac{Hg_L L_0 \theta_M (S_T\beta_T K_{TO} + S_M\beta_M K_{MO})}{K_{T0}} \qquad (11)$$

Cette condition peut être interprétée comme signifiant que l'on peut permettre au taux d'accumulation dans le secteur moderne de dépasser le taux d'accumulation dans le secteur traditionnel seulement si le maximum possible d'excès d'augmentation de la demande d'intrants de main-d'œuvre que le système économique peut générer divisé par le capital-actions du secteur moderne dépasse l'augmentation maximale de l'offre excédentaire que le système peut supporter divisée par le capital-actions du secteur traditionnel. Cependant, la signification réelle de cette condition est beaucoup plus simple. Par substitution, on peut réduire (11) à :

$$\frac{S_M \beta_M K_{MO} + S_T\beta_T K_{TO}}{K_{M0} + K_{T0}} > \frac{Hg_L L_0}{\theta_T K_{T0} + \theta_M K_{M0}} \qquad (12)$$

Cette équation établit simplement la proposition évidente que le ratio d'investissement de capital-actions dans son ensemble doit dépasser le taux de croissance minimum requis dans la demande d'intrants de main-d'œuvre pour que la modernisation nette de l'économie soit possible.

2. Des considérations sur le développement à long terme

Que l'économie soit immédiatement capable ou non de modernisation nette sans augmenter le chômage structurel, nous aimerions qu'elle devienne progressivement plus en mesure de parvenir à une modernisation nette. Cela pose la question d'étendre l'horizon de la planification au-delà du cadre de la période unique du modèle fondamental. Pour le faire, nous reformulons l'inégalité sous la forme suivante :

$$\frac{Hg_L L_0}{S_T\beta_T K_{TO} + S_M \beta_M K_{MO}} < \frac{\theta_T K_{T0} + \theta_M K_{M0}}{K_{T0} + K_{M0}} \tag{13}$$

Cette équation peut être interprétée comme signifiant que le ratio minimum d'augmentation des intrants de main-d'œuvre/capital, selon lequel le système économique peut se permettre d'opérer, doit se trouver au-dessous du ratio intrants moyens de main-d'œuvre/capital selon lequel le système économique a opéré jusqu'à maintenant. Bien sûr, c'est une vérité élémentaire que la modernisation nette suppose une baisse du ratio intrants moyens de main-d'œuvre/capital et que cela implique logiquement que le ratio augmentation de l'emploi/capital doit être en bas de la moyenne.

Cependant, cette vérité évidente a une valeur substantielle. L'équation suivante montre que même si initialement la modernisation nette sans augmentation du chômage structurel peut être impossible à atteindre, la capacité d'une modernisation nette ne peut être atteinte que dans le futur :

$$\frac{Hg_L L_0}{S_T\beta_T K_{TO} + S_M \beta_M K_{MO}} > \frac{Hg_L L_0 (1 + g_L)}{S_T \beta_T K_{TO}(1 + g_{T0}) + S_M \beta_M K_{MO}(1 + g_{M0})} \tag{14}$$

Le côté droit de l'équation sera reconnu comme le ratio de l'augmentation minimum réalisable des intrants de main-d'œuvre/capital pour la période suivante. L'inégalité (14) suppose qu'il devrait y avoir une baisse du ratio de la capacité d'augmenter les intrants de main-d'œuvre/fonds d'investissement entre la période présente et la suivante. On peut maintenant réécrire cette inégalité de la manière suivante :

$$S_M \beta_M K_{MO}(g_{M0} - g_L) + S_T \beta_T K_{TO} + S_M \beta_M K_{TO} (g_{T0} - g_L) > 0$$

C'est une relation absolument essentielle pour évaluer les perspectives de modernisation à long terme de l'économie.

Notons que la relation pourra évidemment se réaliser dans le cas le plus favorable où $g_{M0} > g_{T0} > g_L$ de manière à ce que les deux secteurs accumulent du capital plus vite que l'augmentation de la force de travail. Le cas vraiment intéressant survient lorsque $g_{M0} > g_L > g_{T0}$ ou lorsque $g_{T0} > g_L > g_{M0}$. Dans le premier cas, l'économie acquerrait graduellement la capacité d'entreprendre une modernisation nette seulement si :

$$\frac{\bar{g}_{M0} - g_L}{g_L - g_{T0}} > \frac{S_T \beta_T K_{TO}}{S_M \beta_M K_{MO}} \qquad (15)$$

Cela peut être interprété comme la proposition suivante : pour qu'une économie en train de se moderniser renforce sa capacité d'accélérer la modernisation, il faut que l'excès du taux d'accumulation du secteur moderne par rapport au taux de croissance de la force de travail divisé par l'excès du taux de croissance de la force de travail par rapport au taux de croissance du secteur traditionnel dépasse le ratio des épargnes totales du secteur traditionnel par rapport aux épargnes totales du secteur moderne.

Le cas contraire est plus pertinent pour nos objectifs. Dans le cas où l'économie développe le capital de son secteur traditionnel plus vite que celui du secteur moderne, il est néanmoins possible que l'économie puisse acquérir la capacité éventuelle d'une modernisation nette. La condition pour un tel résultat est :

$$\frac{\bar{g}_{T0} - g_L}{g_L - \bar{g}_{M0}} < \frac{S_M \beta_M K_{MO}}{S_T \beta_T K_{TO}} \qquad (16)$$

Il faut être prudent dans l'interprétation de cette relation. Pour en saisir la pleine signification, il faut la retranscrire sur une forme plus pertinente. L'équation (16) peut être reformulée de la manière suivante :

$$\frac{\bar{g}_{T0}\, S_T\, \beta_T\, K_{TO} + \bar{g}_{M0}\, S_M\, \beta_M\, K_{MO}}{S_T\, \beta_T\, K_{TO} + S_M\, \beta_M\, K_{MO}} > g_L \qquad (17)$$

Cette équation signifie simplement que le taux de croissance du fonds d'épargne doit excéder le taux de croissance de la force de travail. Il est intéressant de noter que l'inégalité (15) peut être réduite sous une forme identique par des substitutions appropriées.

3. Combiner la planification à court terme et la planification à long terme

Nous savons maintenant que le planificateur qui choisit la combinaison des investissements doit être prudent concernant deux contraintes distinctes. La première est représentée par la cible minimale à court terme de l'augmentation de l'emploi telle que définie par (6). La combinaison du taux de croissance choisi doit se trouver sur le lieu du besoin de croissance ou à la droite de ce lieu. La seconde est représentée par le besoin d'augmenter les épargnes plus vite que le taux de croissance de la force de travail. Cette contrainte peut être exprimée comme suit : la combinaison de taux de croissance choisi doit se trouver sur le lieu, ou à la droite du lieu, défini par l'équation suivante :

$$g_{T0} = \frac{S_T\, \beta_T\, K_{TO} + S_M\, \beta_M\, K_{MO}}{S_T\, \beta_T\, K_{TO}}\, g_L - \frac{S_M\, \beta_M\, K_{MO}}{S_T\, \beta_T\, K_{TO}}\, g_{M0} \qquad (18)$$

Nous pouvons appeler cette équation le lieu des provisions minimales pour le futur.

Le lieu du besoin de croissance et le lieu des provisions minimales pour le futur définissent la région satisfaisante dans laquelle doit tomber la combinaison du taux de croissance. La détermination de la région satisfaisante peut être présentée sous la forme du diagramme du tableau 1.

Tableau 1. La région satisfaisante

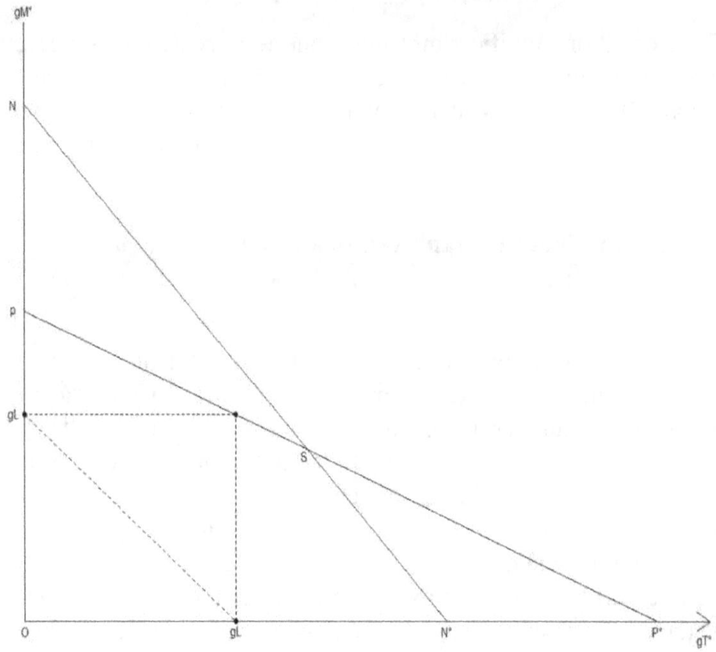

Dans le tableau ci-dessus, la ligne PP° représente le lieu des provisions minimales pour le futur. Son intersection au point S définit les frontières de la région satisfaisante NSP°. Si la paire de taux de croissance est sur la ligne NSP° ou dans la région délimitée par cette ligne, les cibles d'emploi minimum courantes et futures, ainsi que les cibles d'accumulation minimale future seront atteintes simultanément.

Le point critique consiste bien sûr à se demander si le lieu de la croissance réalisable auquel le planificateur est restreint lui permet d'atteindre la région satisfaisante. La validité de toute cette approche dépend de la solution de ce problème. Bien sûr, quand tout l'investissement du capital est concentré dans le secteur moderne, le taux de croissance des épargnes sera le plus haut taux réalisable et le taux de croissance de l'emploi sera le plus bas taux réalisable. Puisque, selon le postulat (9), le plus bas taux de croissance de l'emploi réalisable est inadéquat pour atteindre la cible de l'emploi, le lieu du réalisable doit se trouver à l'extérieur de la région satisfaisante si $g_{T0} = 0$. Ainsi, si FF^0 est le lieu du réalisable comme une ligne droite encore indéterminée, F sera au-dessous de N et F^0 sera à la droite de N^0. Cela définit un segment de FF^0 (LF^0) où L est le point d'intersection entre NN^0 et FF^0. Ce segment est le seul qui peut se trouver à l'intérieur de la région satisfaisante. De même, l'intersection de L^0, de PP^0 et de FF^0 définit un autre segment FL^0 de FF^0, qui est le seul à pouvoir se situer dans la région satisfaisante. Pour que le problème de la planification ait au moins une solution satisfaisante, il est requis que les deux segments aient au moins un point en commun. La condition pertinente apparaît dans l'équation suivante :

$$\frac{H g_L L_0}{S_T \beta_T K_{TO} + S_M \beta_M K_{MO}} \leqslant \frac{S_M \beta_M \theta_T - \theta_M S_T \beta_T + g_L (\theta_T - \theta_M)}{S_M \beta_M - S_T \beta_T} \qquad (19)$$

Pour que cela tienne, il faut que $S_M \beta_M \theta_T > S_T \beta_T \beta_M$ puisque nous postulons que $\theta_T > \theta_M$ et que $S_M \beta_M > S_T \beta_T$. Cela suppose apparemment que $S_M \beta_M \theta_T - S_T \beta_T \theta_M > 0$ soit une condition nécessaire. Cependant, cette supposition est superflue, car elle découle des postulats. Alors, la condition nécessaire et suffisante pour une solution satisfaisante du problème de la planification n'est pas seulement l'inégalité (19). Cela signifie ce qui suit : pour que les allocations de ressources permettent d'atteindre la cible du minimum d'emploi, il faut que le taux de croissance des épargnes égale ou dépasse le taux de croissance de la force de travail.

Le planificateur doit donc être prudent sur deux points. Premièrement, il doit atteindre la cible de l'emploi. Cela limite la hauteur du g_{M0} qu'il peut choisir. Deuxièmement, il doit s'assurer que les épargnes croissent plus vite que la force de travail. Cela limite le g_{M0} minimal qu'il peut choisir. S'il garde la croissance du secteur moderne à l'intérieur des limites inférieures et supérieures du taux de croissance, son allocation de ressources sera satisfaisante, mais elle ne sera pas nécessairement optimale. Il peut y avoir un conflit entre les buts à court terme et les buts à long terme seulement si S_T est trop bas pour permettre d'atteindre la condition (19). Tout conflit entre les buts à court terme et les buts à long terme de la planification peut être évité si le taux d'épargne du secteur traditionnel peut être augmenté sans diminuer son potentiel de création d'emplois. Autrement, si les épargnes du secteur moderne peuvent être augmentées sans diminuer l'emploi, on peut s'assurer d'un avantage similaire.

4. Des solutions techniques et des choix de techniques

Il faut bien comprendre qu'il est rarement possible d'augmenter les épargnes par unité de capital-actions dans n'importe quel secteur sans passer à une technologie à plus haute densité de capital. On peut aussi formuler cette vérité de la manière suivante : il n'est pas possible d'augmenter le potentiel d'emploi par unité de capital-actions sans abaisser le taux d'accumulation par unité. Par conséquent, il y a un problème de choix entre des options techniques dans chaque ligne d'activité.

Nous pouvons accueillir à l'intérieur de notre modèle quatre formes de changement technique : (a) l'innovation technique dans le secteur moderne, (b) l'innovation à haute densité de capital dans le secteur traditionnel, (c) l'innovation à haute densité de main-d'œuvre dans le secteur moderne et (d) l'innovation à haute densité de main-d'œuvre dans le secteur traditionnel. Aux fins de notre analyse, les innovations à haute densité de capital sont celles qui offrent une chance d'un plus haut taux d'accumulation au plus bas taux de diminution, au prix d'une diminution du potentiel de création d'emploi du capital-actions. Les innovations à haute densité de main-d'œuvre sont celles qui offrent une chance d'un meilleur potentiel de création d'emploi par unité du capital-actions, au prix d'un plus bas taux d'accumulation par unité.

En général, l'innovation à haute densité de main-d'œuvre dans le secteur traditionnel fera passer la composition des investissements en direction d'un taux de croissance plus élevé pour le capital du secteur moderne. Ce résultat bizarre, mais important, signifie que l'investissement dans le secteur traditionnel peut baisser sans empêcher d'atteindre la cible du minimum d'emplois lorsque ce secteur peut donner plus d'emplois par unité de capital. Également, les innovations à forte densité de main-d'œuvre dans le secteur moderne auront tendance à *hausser* le taux d'investissements du secteur moderne. La logique ici est la suivante : puisque les investissements dans le secteur moderne ont un coût moindre en emploi après innovation, on peut déplacer plus de ressources vers ce secteur tout en atteignant la cible de l'emploi. Par conséquent, le changement de technique à haute densité de main-d'œuvre dans les deux secteurs conduit à une réduction du poids du secteur traditionnel nécessaire pour atteindre la cible de l'emploi minimum.

D'un autre côté, les innovations techniques à haute densité de capital augmentent le poids relatif du secteur traditionnel dans la composition des investissements permettant ainsi d'atteindre la cible de l'emploi minimum. Il en est ainsi parce qu'il faut alors plus de croissance du secteur traditionnel pour générer l'emploi nécessaire. De même, les innovations à haute densité de capital du secteur moderne ont tendance à conduire à une plus grande insistance sur le secteur traditionnel parce que les coûts de l'emploi augmentent dans le secteur moderne. Par conséquent, les innovations à haute densité de capital dans les deux secteurs augmentent le poids du secteur traditionnel nécessaire pour atteindre la cible de l'emploi minimum.

Pour décider s'il vaut la peine pour l'économie d'adopter une innovation, il faut savoir ce qui arrive au taux d'épargne avant et après le changement. Si la performance en emploi de la composition des investissements après l'innovation conduit à une augmentation du taux d'épargne, l'économie a fait des gains. L'innovation a donc été une amélioration réelle. S'il n'y a pas de changement dans la performance des épargnes, l'innovation n'a rien à apporter. D'autre part, si le taux d'épargnes a diminué, l'innovation nuit au système économique.

Nous arrivons donc à un critère de choix technique simple qui peut s'énoncer de la manière suivante.

Toute innovation qui permet une augmentation du taux de croissance des épargnes, tout en atteignant la cible de l'emploi minimum, doit être considérée comme un gain, mais les autres types d'innovations (qu'elles soient à haute densité de main-d'œuvre ou de capital) doivent être perçus comme indésirables.

5. La frontière accumulation-emploi

Nous pouvons maintenant définir le concept de frontière accumulation-emploi. Un tel concept définit l'accélération maximale que le système économique peut espérer atteindre selon différents choix concernant l'augmentation de l'emploi. Cette frontière est illustrée dans le diagramme du tableau 2.

Tableau 2

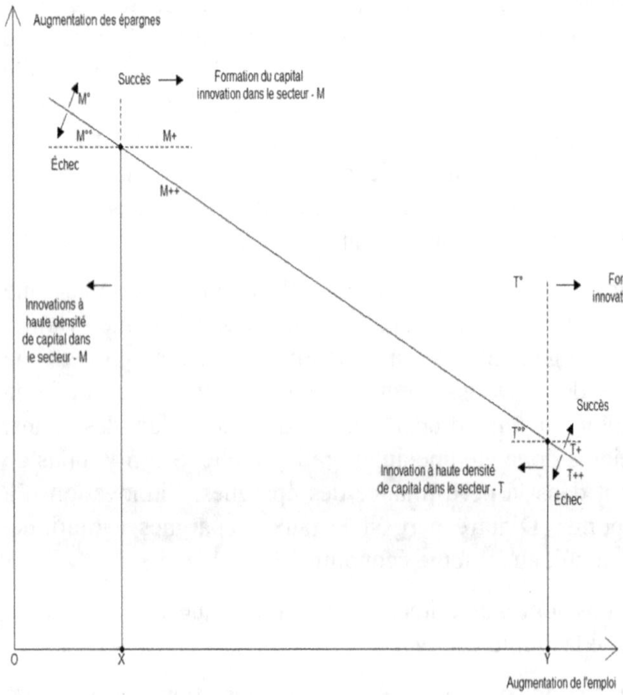

Dans ce tableau, nous montrons la ligne qui indique le niveau d'économies de la période suivante correspondant à l'augmentation planifiée de l'emploi pour la période présente. Bien sûr, cette frontière est tracée pour la valeur des économies actuellement possibles. Tout changement de cette valeur modifiera l'ensemble de la frontière.

Cette approche nous permet de clarifier davantage notre discussion sur les innovations techniques. Une innovation à haute densité de capital réussie dans le secteur à haute densité de capital est indiquée par un point comme M^0 dans le tableau 2. Cela élève la ligne MT de MT à M^0T, ce qui augmente la longueur du segment satisfaisant à l'intérieur de la région satisfaisante de manière à ce que l'économie puisse assurer une plus grande augmentation des épargnes sans réduire l'augmentation de l'emploi ou une plus grande augmentation de l'emploi sans encourir de pertes dans l'augmentation des économies. Une innovation négative (une régression technique) à haute densité de capital est représentée par un point comme M^{00}. Si on adopte une telle innovation, on *fait baisser* la frontière de transformation.

À partir du tableau 2, nous pouvons maintenant offrir une théorie complète des formes de l'innovation technique. Les innovations sont de quatre types : (1) à haute densité de capital dans le secteur M, (2) à épargne de capital dans le secteur M, (3) à haute densité de capital dans le secteur T et (4) à épargne de capital dans le secteur T. Chacun de ces types peut être soit désirable, soit indésirable. Les huit possibilités peuvent être représentées dans le tableau suivant :

Secteur	Type	Résultat	Exemple dans le tableau 2
M	Haute densité de capital	Réussite	M^0
	- do -	Échec	M^{00}
	Épargne de capital	Réussite	M_+
		Échec	M_{++}

T	- do - Haute densité de capital - do - Épargne de capital - do -	Réussite Échec Réussite Échec	T_0 T_{00} T_+ T_{++}

Le critère général est toujours de savoir si l'innovation cause une amélioration ou une détérioration dans la frontière de transformation sociale. De toute évidence, le même critère peut être appliqué s'il y a au départ plus d'une technologie disponible dans les deux secteurs. Par conséquent, la théorie des innovations désirables est l'équivalent logique de la théorie des choix techniques sectoriels.

6. Le problème de l'équilibre intersectoriel

Considérons le secteur M comme un secteur de production de biens d'équipement et le secteur T comme un secteur de production de biens de consommation. L'augmentation de la fourniture de biens de consommation peut alors être représentée de la manière suivante :

$$\beta_T \, g_{T0} \, K_{TO}$$

L'augmentation de biens d'équipement peut être représentée de la manière suivante :

$$\beta_M \, g_{M0} \, K_{MO}$$

Si $\overline{C}$ est la norme de consommation par travailleur atteinte antérieurement, il est nécessaire que :

$$\frac{\beta_T}{\overline{C}} \, g_{T0} \, K_{TO} \geqslant (\theta_T \, g_{T0} \, K_{TO} + \theta_M \, g_{M0} \, K_{MO}) \, 1/H \qquad (20)$$

Cette équation illustre la contrainte de la consommation et sa violation pourrait conduire à la crise marxienne de la sous-consommation décrite dans le texte au chapitre II. D'un autre côté, si l'on suppose que α_{MT} représente l'augmentation de la disponibilité de biens d'équipement nécessaire pour assurer une augmentation d'une unité de la production de biens T et que α_{MM} représente l'augmentation de biens d'équipement nécessaire pour assurer l'augmentation d'une unité de la capacité de production de biens M, on en arrive à la contrainte selon laquelle :

$$\frac{\alpha_{MT}}{\beta_T} g_{T0} K_{TO} + \frac{\alpha_{MM}}{\beta_M} g_{M0} K_{MO} \leqslant \beta_M g_{M0} K_{MO} \qquad (21)$$

La violation de cette contrainte conduira à la crise de sous-production de biens d'équipement décrite au chapitre II.

7. Le sous-emploi et le gaspillage des économies

Enfin, notons que si la norme de consommation par unité de la force de travail (et non par travailleur employé) est déjà atteinte en C et que si l'économie est déterminée à retenir ce niveau de consommation, il est alors nécessaire que l'augmentation de l'épargne corresponde à l'équation suivante :

$$g_{M0} K_{MO} + g_{T0} K_{TO} \leqslant g_{T0} K_{TO} \quad \frac{\beta_{+c} (1- \theta)}{C} \qquad (22)$$

Bien sûr, aucune des contraintes (20), (21) ou (22) n'est absolue au sens qu'elle ne peut pas être violée physiquement. Ces contraintes ne sont plutôt que des indicateurs de possibilités de crises cachées dans une mauvaise allocation des investissements. Elles changent donc toutes les trois la forme de la véritable courbe de transformation par rapport à celle de la courbe apparente.

En introduisant les trois contraintes dans le diagramme présenté au tableau 3, nous voyons que la frontière de transformation (MT) est tordue et étirée dans la forme MC^0ABT^0, comme il a été décrit dans le texte au chapitre II.

Tableau 3

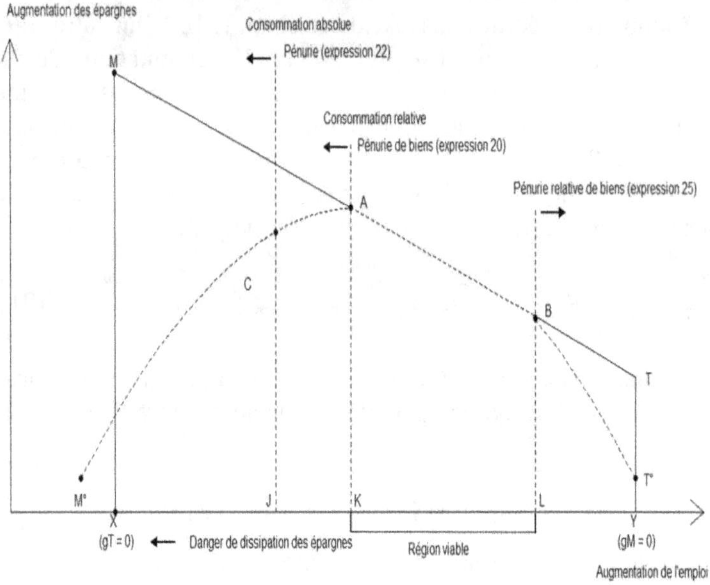

Nous pouvons aussi observer les effets des innovations. Une innovation à haute densité de capital (réussie) dans le secteur fait passer à gauche la ligne de la contrainte des biens d'équipements relatifs *et* fait monter la courbe de transformation à la fin de T. Le résultat net encore possible est soit un gain ou une perte. Le résultat d'une innovation à haute densité de main-d'œuvre dans le secteur T déplace le point L vers *la droite* et fait monter la courbe de la transformation apparente à la fin de T. C'est un gain sans équivoque. Une innovation à haute densité de main-d'œuvre dans le secteur M pousse les contraintes des biens d'équipements relatifs vers la droite, tout en déplaçant les contraintes des biens d'équipements relatifs vers la gauche et en élevant MT à la fin de M. Si la contrainte opérante est une pénurie de capital, ce sera un gain. Si la contrainte opérante est une pénurie de biens de consommation, il peut s'ensuivre une perte. De même, une innovation à forte densité de capital dans le secteur M déplacera la contrainte des biens d'équipement vers la droite et la contrainte des biens de consommation relatifs vers la gauche. Ce sera un gain si la contrainte opérante est celle des biens de consommation, mais non si c'est celle des biens d'équipement.

La théorie du meilleur choix dans la composition des investissements est donc complexe, mais elle est compréhensible. Il y a deux niveaux dans ce choix : le premier est ce qui arrive à la frontière de transformation apparente (MT), là où le choix devrait inclure seulement les techniques qui donnent les plus hauts niveaux d'augmentation des épargnes à chaque niveau de densité de main-d'œuvre de la production. Le second niveau du choix est de choisir une composition satisfaisante des meilleures techniques dans chaque secteur. Cela introduit le problème des trois contraintes qui altèrent la forme de la frontière de transformation de la manière qui a été décrite. Donc, selon les contraintes opérantes, on peut choisir d'adopter des innovations ou de ne pas les adopter. Dans l'ensemble, les contraintes opérantes du plan gandhien sont susceptibles d'être les suivantes : (a) la contrainte de la croissance minimale, (b) la contrainte de la pénurie de biens d'équipement. Par conséquent, des innovations à haute densité de main-d'œuvre réussies dans les deux secteurs rendront plus facile la tâche de la planification gandhienne. Puisque la contrainte absolue de l'insuffisance de biens de consommation (équation 22) n'est pas affectée par les choix technologiques (sauf une technique qui augmente la productivité par travailleur dans l'activité de production de biens C), une innovation à haute densité de capital dans le secteur T (dans la mesure où elle élève BT) rendra moins criant le problème de la pénurie absolue de biens de consommation, tandis qu'une innovation à haute densité de main-d'œuvre peut l'aggraver. Une politique idéale de choix technologique suppose donc de l'innovation à haute densité de main-d'œuvre dans le secteur M et de l'innovation à haute densité de capital dans le secteur T, réalisant ainsi l'impact idéal pour ce qui est des contraintes. Cette conclusion supporte la politique d'innovation technique présentée dans le texte du chapitre II.

B. Planifier une transition gandhienne

La méthodologie utilisée pour la coordination des instruments économiques dans un régime économique totalement gandhien a été présentée dans son ensemble au chapitre VI. Cependant, avant qu'on puisse implanter un tel régime (dans lequel la planification est dominée par une rétroaction des « regroupements » de communautés), il faut qu'il y ait une période pendant laquelle la planification centralisée est elle-même utilisée comme instrument de transition vers un système économique gandhien. Dans cette section, nous esquisserons la méthodologie de planification pour un tel régime de transition.

1. La période de planification

Il faut attendre de trois à cinq ans avant que la transition soit complète. Supposons qu'on ait fixé une période de quatre ans pour effectuer la transition. On s'attend donc à ce qu'il faille quatre ans pour que l'économie soit prête à une application radicale de la stratégie de développement gandhienne. Toutefois, la « préférence gandhienne » doit s'accroître à un rythme accéléré chaque année.

2. La structure cible de l'économie

Une telle planification supposera qu'on ait fixé une « structure économique cible » au début de la cinquième année d'opération. La première tâche de la planification de la transition est de déterminer la structure économique cible à la fin de la transition. Deux priorités fondamentales s'imposent ici :

1. construire les industries de biens d'équipement et de biens intermédiaires qui seront nécessaires pour atteindre les objectifs d'une augmentation réellement rapide de la production et de l'emploi dans le secteur à petite échelle et à haute densité de main-d'œuvre ;

2. construire les éléments de l'infrastructure sociale et physique qui pourraient être nécessaires pour appuyer le secteur à petite échelle et à haute densité de main-d'œuvre.

1. Établir la structure cible

Les règles suivantes seront appliquées pour déterminer la structure cible de l'économie. Une liste des produits nécessaires pour répondre aux besoins de base sera établie (a) en fonction des données budgétaires des familles qui sont près de ligne médiane du revenu national et (b) en fixant certaines normes prioritaires (de nutrition, d'éducation, etc.). À partir de cette liste de besoins fondamentaux (BF), on établira une sous-liste appelée la liste gandhienne (GBF) énumérant tous les produits nécessaires pour répondre aux besoins de base qui peuvent être produits à petite échelle par des méthodes à haute densité de main-d'œuvre. La deuxième étape sera de fixer une cible de création de nouveaux emplois pour la cinquième année dans les industries du groupe GBF. On l'appellera la cible GBF. La troisième étape sera d'établir les besoins d'intrants par unité d'activités du secteur GBF qui seront satisfaits grâce à la production de *biens intermédiaires* produits par les secteurs à grande échelle. On désignera ces marchandises comme celles du groupe intermédiaire gandhien (IG) d'industries.

Si l'on connaît la cible de l'augmentation d'emploi pour la cinquième année dans les secteurs GBF, il sera possible de déterminer l'augmentation des stocks de biens intermédiaires dans le secteur IG (nettoyée de leur absorption dans toutes les autres utilisations) qui sera nécessaire à la fin du plan. L'expansion des secteurs GBF pendant les années du plan peut aussi être calculée en mesurant l'augmentation graduelle du taux de croissance à partir de la cible de la cinquième année. Si l'augmentation du ratio emploi/augmentation des stocks dans les secteurs GBF pendant la cinquième année est fixée à 100 %, les cibles pour la première, la deuxième, la troisième et la quatrième année peuvent raisonnablement être de 10 %, 25 %, 45 %, 70 % de la cible de la cinquième année. L'augmentation nette des stocks (nettoyée de leurs autres utilisations) dans le secteur IG, suivra aussi une voie similaire. Ces deux séries d'exigences liées à la croissance économique constituent ensemble le cœur du plan gandhien.

L'étape suivante est d'ajouter les secteurs de production à grande échelle des biens qui visent à satisfaire des besoins fondamentaux. On suppose que ces secteurs devront grandir au même rythme que la croissance moyenne de la totalité du plan gandhien. On voit alors apparaître un second ensemble d'exigences liées aux biens intermédiaires et aux biens d'équipement. Cet ensemble est ajouté au secteur gandhien du plan qui constitue le plan des biens essentiels. L'étape finale est d'établir un vecteur d'augmentation de l'utilisation finale pour la période de quatre ans pendant laquelle les augmentations des intrants dans le secteur essentiel apparaissent comme des entrées positives et toutes les autres (non essentielles) comme des entrées zéro. On peut établir le plan d'augmentation brute des intrants en utilisant la matrice intrants-extrants. Tous les extrants des secteurs non essentiels sont donc gelés au niveau du plan préliminaire et on n'ajoute de la capacité que de manière à accroître les capacités de production de biens fondamentaux. Le seul déséquilibre que ce plan peut comporter est une pénurie de biens de consommation *non essentiels* et un surplus (relatif à la demande) de certains biens *essentiels*. Ce déséquilibre peut être corrigé dans une certaine mesure par l'exportation de biens essentiels et l'importation de produits de luxe.

2. Le plan d'infrastructure physique

Puisqu'on connaît le plan de l'augmentation brute des extrants, il n'est pas très difficile de préparer un plan de l'infrastructure physique conforme à cette structure. La règle absolue est que la construction et l'entretien de l'infrastructure physique utilisent le plus possible les méthodes à haute densité de main-d'œuvre disponibles. De plus, dans la mesure du possible, on met l'accent sur l'infrastructure rurale, ce qui inclut les liens de transport avec les villes au centre des réseaux de villages.

De même, la planification de l'infrastructure sociale accordera aussi la priorité (a) au développement d'une éducation rurale d'un type approprié, (b) à celui de services de santé d'un type approprié et (c) à celui de services socio-organisationnels (renforcement de la structure coopérative) de type gandhien.

En combinant le plan pour les biens essentiels (le plan BE) avec le plan pour l'infrastructure (le plan I) on obtient une première approximation de la totalité du plan. L'étape suivante est de vérifier la viabilité du plan.

3. Les ressources et le modèle de croissance dans son ensemble

En postulant que seule la première approximation du plan est mise en œuvre sans modification, nous avons une indication claire des ressources d'investissement requises et du taux de croissance de l'économie dans son ensemble, ainsi que du taux de croissance de l'emploi. Cette première approximation peut s'avérer erronée en trois directions. Premièrement, elle peut exiger plus d'investissement que ce que l'économie est capable de mobiliser. Deuxièmement, la croissance générée par l'investissement peut être associée à un déséquilibre sérieux de l'offre et de la demande. Troisièmement, l'augmentation de l'emploi planifiée peut être insuffisante.

Pour ce qui est du déséquilibre de l'offre et de la demande, il ne saurait en être question dans le cas des biens intermédiaires. Un tel déséquilibre ne peut survenir que pour les produits finis. Typiquement, on peut s'attendre à ce que le déséquilibre prenne la forme d'une pénurie de biens consommés par les riches et d'un surplus des biens consommés par les pauvres. Cependant, il peut y avoir une ou deux anomalies : la demande pour un ou deux besoins essentiels peut encore dépasser l'offre calculée sur la base de changements dans la croissance et dans la distribution auxquels le plan préliminaire permet de s'attendre. De tels déséquilibres devront nécessairement être corrigés.

Dans une situation où les cibles de l'emploi sont atteintes, mais où il y a une pénurie de ressources à investir, la procédure sera de suspendre l'application du plan gandhien jusqu'à ce que les ressources requises égalent les ressources qu'il est possible de mobiliser. Par contre, si l'emploi est inadéquat, mais s'il y a des ressources disponibles pour l'investissement, on pourra relever la cible finale de l'expansion de l'emploi dans le secteur gandhien jusqu'à ce que l'équilibre de l'investissement soit atteint.

Bien sûr, il peut arriver que l'investissement *et* l'emploi s'avèrent tous les deux inadéquats. Dans ce cas, le problème devient presque insoluble. Il faut alors avoir recours à des mesures plus radicales. L'une de ces mesures est de détourner des ressources (les biens intermédiaires) du secteur des biens non essentiels. Bien sûr, cela fait diminuer les extrants et l'emploi dans les secteurs non essentiels, mais au moins l'emploi est plus que compensé. Deuxièmement, il peut aussi être possible de faire des coupures sur certaines formes d'infrastructure à des niveaux minimaux de fonctionnement plutôt que de les garder à des niveaux adéquats de fonctionnement. Troisièmement, on peut devoir imposer un rationnement de certains biens fondamentaux non gandhiens (le kérosène, par exemple) et augmenter la production de « substituts » dans le secteur gandhien. Enfin, on peut procéder à diverses expérimentations pour augmenter marginalement la quantité de ressources disponibles.

De toute façon, la procédure conduit ultimement à la finalisation d'un plan de transition gandhien qui permet à l'économie de démarrer le processus de réduction substantielle du chômage structurel qui commence la première année après le plan de transition. Ce plan peut s'appuyer sur une structure qui est prête pour une telle opération. C'est tout ce à quoi on peut s'attendre raisonnablement pendant une période de transition.

C. La logique des systèmes d'économie collaborative

La matière première pour une théorie détaillée, élégante et pure des systèmes économiques collaboratifs se trouve éparpillée dans les nombreuses déclarations de Gandhi sur les principes d'un ordre économique non violent. Cependant, il faut être extrêmement prudent lorsqu'on veut rassembler les morceaux de ce casse-tête, car ses déclarations et ses allusions sur les systèmes économiques non violents peuvent clairement se regrouper en deux groupes distincts, dont un seul est pertinent pour ce qu'on peut proprement appeler une théorie « pure ».

Certaines des idées de Gandhi découlent d'un raisonnement abstrait appliqué au concept d'organisation économique collaborative. D'autres sont dérivées de sa critique de l'ordre économique existant et de ses traits indésirables. Cette seconde série d'observations est extrêmement pertinente lorsqu'on tente d'élaborer une esquisse de l'ordre économique post-moderne. Mais mélangées à une théorie pure des systèmes économiques collaboratifs, ces observations ne font qu'embrouiller les lignes élégantes et cohérentes d'une théorie pure.

Pour prendre un exemple simple, Gandhi a souvent répété que le « nouvel ordre économique » suppose le renouveau des économies de village et un contrôle d'une urbanisation dysfonctionnelle. Cette déclaration est une proposition qui relève du second type. Lorsqu'on part de la logique pure de la collaboration économique, la seule proposition qui peut être déduite est que, dans la mesure du possible, les besoins économiques locaux devraient être satisfaits par une production locale, avec une utilisation maximale des ressources locales. Une proposition de ce genre amène à insister sur la planification des petites communautés. On ne peut en inférer que ces petites communautés seront principalement rurales ou principalement urbaines.

Une telle proposition s'ensuivra (au niveau de la théorie pure) seulement si l'on considère le mode de vie rural comme intrinsèquement préférable au mode de vie urbain. Un tel raisonnement conduit à transformer l'économie gandhienne en une mystique, une méthode qui suscite de notre part des objections fondamentales. Il est beaucoup plus satisfaisant de soutenir que dans le cas concret des économies contemporaines sous-développées, le principe du développement de la petite communauté suppose qu'il faut se concentrer sur le renouveau des communautés rurales. De cette manière, le rapport entre une théorie pure et une théorie appliquée reste clair et net d'un point de vue méthodologique.

1. Le principe collaboratif

Le principe économique de la collaboration comporte deux traits distinctifs. Premièrement, il doit y avoir un groupe d'êtres humains qui se soumettent aux mêmes directives et à une même discipline dans le but d'atteindre un but commun à tous. Deuxièmement, chacun doit se sentir mutuellement concerné quand il s'agit de partager les bénéfices et les coûts impliqués dans l'atteinte des objectifs. Chaque fois qu'une action économique satisfait ces deux critères, on peut parler de cas de comportement économique collaboratif.

Le comportement économique collaboratif se distingue de deux autres modes de comportement économique : le mode d'acquisition individuel et le mode d'acquisition collectiviste. Le principe du comportement du mode d'acquisition individuel est que chaque personne ne recherche que ses propres intérêts. L'action organisée suppose donc un entrepreneur qui amène les autres à accepter ses buts et son autorité disciplinaire organisationnelle en leur fournissant des incitatifs économiques. Il n'est pas requis que ces autres personnes partagent le but de l'organisation qui n'est qu'une extension de l'intérêt de l'entrepreneur. Et l'entrepreneur n'est pas obligé lui non plus de s'occuper des intérêts de ceux qu'il embauche pour leur travail et leurs compétences. Son objectif est de donner le moins possible pour s'assurer de la collaboration qu'il souhaite obtenir. Parallèlement, le but du travailleur est de s'assurer d'obtenir le plus de revenus possible en retour du travail qu'il fournit. Les objectifs du groupe et l'engagement réciproque dans le sens du bien-être des associés sont deux dimensions qui sont ici toutes les deux absentes.

L'autre mode de comportement économique est le mode collectiviste. Ce mode suppose le partage de l'engagement en vue du bien-être des individus qui forment la collectivité. Les dirigeants de l'organisation collective sont alors libres d'utiliser des techniques coercitives et violentes pour discipliner les individus dont le comportement est déviant par rapport à l'idéal du travailleur désintéressé et orienté vers le groupe. La chaîne de commandement est également centralisée et hiérarchique comme ce qui se passe dans l'armée.

2. Le comportement collaboratif et les petits groupes

On peut surtout observer le comportement économique collaboratif là où les humains (dans le cours de leur activité économique) en viennent à former de petits groupes sociaux permanents ou semi-permanents. Les équipes de travail dans les entreprises industrielles, les débardeurs vivant ensemble dans des hangars, l'épicier du coin et sa clientèle permanente sont tous des cas où l'interaction sociale crée un milieu propice à l'émergence d'un comportement collaboratif selon des degrés variés de force, de permanence et d'articulation.

Par contre, le comportement collaboratif n'arrive pas à émerger lorsque le modèle du microgroupe social permanent est absent. L'anonymat des grandes places de marché et les grandes entreprises centralisées n'offrent pas un cadre propice aux manifestations du comportement collaboratif. Cependant, l'instinct humain pour le comportement collaboratif est si fort que des poches d'interaction microsociale et de comportement collaboratif apparaissent inévitablement même dans les places de marché anonymes et les organisations de taille inhumaine.

Des données considérables ont été rassemblées en appui de la proposition que le comportement économique collaboratif apparaît et persiste même dans des circonstances extrêmement défavorables et même quand le comportement collaboratif est activement déconseillé ou sanctionné. C'est toute la discipline de la gestion du personnel qui a subi une sorte de révolution lorsqu'on a découvert que le travailleur répond beaucoup mieux aux initiatives de la direction lorsqu'il est traité comme un membre de microgroupes sociaux que lorsqu'on tente de le manipuler par des pressions individuelles et des sanctions. De même, les gestionnaires des entreprises collectivistes ont trouvé qu'il devient impossible d'atteindre avec efficacité des objectifs collectifs à moins que soit reconnue et respectée l'existence de microgroupes collaboratifs (par exemple, une brigade de travail dans une commune chinoise).

Tout cela indique que Gandhi avait raison dans son intuition fondamentale que le comportement collaboratif dans le cadre d'interactions sociales directes correspond à un instinct fondamental de l'humanité pouvant (dans des conditions appropriées) avoir priorité sur l'instinct d'acquisition à des fins personnelles ou sur l'instinct d'immersion dans des collectivités.

3. Le choix collaboratif

Nous sommes déjà parvenu une certaine compréhension des propositions gandhiennes selon lesquelles (a) le comportement collaboratif, qui apparaît dans le contexte de microgroupes permanents ou semi-permanents, est le reflet d'un instinct humain fondamental et (b) que le comportement économique collaboratif peut (en contexte approprié) l'emporter sur l'instinct d'acquisition à des fins personnelles et l'instinct collectiviste. Il nous faut néanmoins considérer un peu plus en détail certaines caractéristiques du comportement collaboratif avant de pouvoir comprendre les principes d'organisation d'un système économique fondé sur le comportement collaboratif.

Premièrement, précisons d'abord que le comportement des individus dans un microgroupe socioéconomique collaboratif est caractérisé par le fait que l'individu de ce groupe refuse de choisir une solution économique où il améliorerait sa situation économique aux dépens de ce groupe ou sans partager au moins partiellement ses gains avec le groupe. Deuxièmement, le groupe tend à protéger ses membres les plus faibles des difficultés et des menaces extérieures en partageant à la fois ses biens et ses responsabilités. Troisièmement, toute politique qui enrichit le groupe dans son ensemble a priorité sur des politiques qui pourraient affecter une partie du groupe en un sens et une autre en sens contraire. Quatrièmement, dans un microgroupe, la direction est dévolue aux individus qui démontrent des compétences particulières dans la promotion des intérêts du groupe et qui sont prêts à se sacrifier dans l'intérêt du groupe. Enfin, le groupe a tendance à démontrer des goûts communs et à accorder la priorité à des loisirs et à des activités récréatives de groupe.

Il apparaît nettement qu'un tel comportement est incompatible avec un modèle de rationalité tourné vers l'acquisition à des fins individuelles. Pourtant, il n'y a pas de raison de considérer un tel comportement comme irrationnel. Nous sommes plutôt confrontés à un nouveau type de comportement rationnel fondé sur des axiomes différents concernant les valeurs fondamentales.

Selon le modèle classique du choix de groupe auquel on parvient par une extension de la logique individualiste, on a soutenu que le groupe préfère tout changement qui améliore les conditions économiques d'au moins un membre du groupe sans empirer celle des autres. On a aussi soutenu que (pour des situations pour lesquelles la grille de choix ne contient aucune option qui satisferait tous les membres du groupe) le groupe devrait préférer tous les changements où les gagnants pourraient se permettre d'indemniser les perdants tout en conservant un avantage financier.

Des tests empiriques sur les choix de comportement des groupes collaboratifs indiquent cependant que les choix d'un groupe collaboratif ne correspondent ni au premier critère (celui de Parero) ni au second critère (celui de Kaldor Scitovsky). On préfère plutôt systématiquement des changements où chaque membre du groupe fait des gains à peu près égaux. De tels gains réduisent l'inégalité qui proviendrait d'une inégale distribution à l'intérieur du groupe sans pour autant réduire de façon significative les avantages économiques que chacun pourrait en tirer.

Nous suivons donc Bourdette quand il formule de la façon suivante les principes qui guident le choix d'un comportement collaboratif :

1. toutes choses étant égales par ailleurs, le groupe préfère voir d'une façon ou d'une autre ses revenus augmenter (il s'agit de la somme des revenus des membres du groupe), à moins que cette augmentation accroisse l'inégalité entre ses membres ;
2. toutes choses étant égales par ailleurs, le groupe préfère voir augmenter d'une façon ou d'une autre l'égalité entre ses membres, à moins que cette égalité conduise à une réduction des revenus du groupe ;
3. toute augmentation du revenu du groupe sera considérée comme plus valable si la distribution qui en résulte dans le groupe est plus égale ;
4. toute perte de revenu du groupe réduira d'autant moins le bien-être du groupe que la distribution des revenus qui en résulte est plus égale.

On peut maintenant définir le système économique collaboratif comme un système où l'on peut empiriquement observer le fonctionnement de règles de choix collectif très proches de ces axiomes touchant la façon dont s'opèrent les choix à l'intérieur d'un groupe collaboratif.

4. Les règles de la préférence collaborative

Toutefois, il faut être très prudent lorsqu'on tente de définir les règles du choix collectif au niveau macroéconomique. Il en est ainsi parce que les paramètres du choix du macrogroupe ne sont pas strictement identiques à ceux du microgroupe. Si on n'est pas prudent, on peut donc facilement tomber dans le piège qui consiste à formuler des axiomes qui se contredisent eux-mêmes.

Commençons par tenter de rendre l'analogie aussi exacte que possible. Selon cette approche, les règles du choix collectif pour l'économie dans son ensemble seront les suivantes :

1. la croissance économique est désirable seulement si elle ne conduit pas à une distribution interpersonnelle plus inégale du revenu ;
2. toute augmentation de l'égalité interpersonnelle est préférable, à moins qu'elle réduise le revenu national ;

3. une augmentation du revenu national sera d'autant plus préférable que la distribution qui en résultera sera plus égale ;
4. toute réduction du revenu national sera une perte, mais une perte qui sera d'autant plus supportable que la distribution qui en résultera sera plus égale.

Cet ensemble de règles constitue-t-il en fait l'ensemble de règles sociales qui convient pour guider les choix collectifs ? Encore faut-il préciser qu'il est possible qu'une telle méthode ne puisse résoudre d'importants problèmes de choix. Supposons l'existence de deux types de politiques dont l'une produit une croissance plus rapide et l'autre un progrès plus rapide vers l'égalité. Il est clair qu'aucune de ces quatre règles de choix ne permettra de choisir l'une ou l'autre de ces options.

Pour effectuer ce choix, il faut introduire une règle additionnelle. On la trouve dans le principe de l'*antyodaya*[1] sur lequel Gandhi a souvent insisté. Selon la règle de l'*antyodaya*, il faut préférer les choix qui permettent au plus grand nombre de passer au-delà du seuil de la pauvreté. Bien sûr, cette règle n'enlève pas toute leur ambiguïté aux choix sociaux.

Pour le voir, on n'a qu'à évoquer ici un problème de choix qui s'étale au fil du temps. Supposons que la stratégie « A » fasse à court terme progresser plus rapidement les castes les plus basses (*antyodaya*) que la stratégie « B » qui, à long terme, produirait un progrès globalement plus important.

---

[1] *antya* + *udaya*. *antya*, c'est le dernier ou les derniers d'une série, quelle qu'elle soit. Le mot s'emploie dans les textes traditionnels (les *smriti*, le *Mahâbhârata*, etc.) pour désigner les « dernières » castes, celles qui sont les plus impures, les castes d'intouchables. *udaya*, c'est l'élévation, le redressement, un terme qui s'emploie aussi pour le soleil qui sort des ténèbres de la nuit et se lève à l'horizon. *antyodaya* est un néologisme qui signifie « l'élévation (*udaya*) des derniers (*antya*) », c'est-à-dire le redressement de ceux qui sont au bas de la société indienne. Gandhi parlait d'abord de *sarvodaya*, le « progrès pour tous », un terme qu'il a d'abord utilisé en 1908 comme titre de sa traduction d'un texte de John Ruskin, et qui est devenu le leitmotiv de sa philosophie politique. Il s'agissait pour lui d'une prospérité universelle (*sarvodaya*) qui passait nécessairement par le relèvement des plus basses castes (*antyodaya*) (A. Couture).

Non seulement le critère de l'*antyodaya* ne permet pas de distinguer entre deux modèles différents d'*antyodaya* s'étalant dans le temps, mais il demeure aussi critiquement ambigu pour au moins une autre raison importante de choix pratique. C'est le choix éthiquement problématique entre une stratégie qui élève un plus grand nombre de gens au-dessus du seuil de la pauvreté et une autre qui provoque une amélioration plus rapide des conditions de vie de la section la plus pauvre de la société.

Le fameux « talisman[2] » de Gandhi nous conduirait à la conclusion qu'il faut préférer la seconde stratégie. Cependant, cette conclusion contredit le principe également important que le bien de la majorité doit l'emporter sur celui de la minorité. Il n'est pas plus éclairant de faire remarquer que, dans les sociétés où les pauvres constituent une petite minorité, les politiques qui soulignent seulement l'*antyodaya* ne peuvent pas être rationnelles même au niveau des choix que font les groupes collaboratifs.

Enfin, puisqu'on ne peut prédire les effets d'une stratégie anti-pauvreté avec une égale certitude, qu'en est-il du choix entre une stratégie qui offre un gain plus certain pour un plus petit nombre de pauvres et une stratégie qui permet des espoirs moins certains d'amélioration du sort d'un plus grand nombre ?

5. Critères incomplets du choix collaboratif

Les considérations ci-dessus démontrent que les principes gandhiens ne permettent pas d'espérer être en mesure de ranger les divers choix sociaux selon un ordre parfait et dépourvu d'ambiguïté. Cependant, cela ne devrait pas causer de sérieuses appréhensions. De semblables problèmes d'incapacité à ranger complètement et sans ambiguïté abondent chaque fois que l'on a essayé de formuler des règles pour comprendre le fonctionnement des décisions sociales sur le plan de la collectivité comme de

---

[2] Une allusion au fait que, quelque temps avant sa mort, Gandhi avait laissé des notes où il parlait d'un « talisman » censé protéger tout le monde. « Lorsque votre ego prend toute la place, rappelez-vous, disait-il, le visage de la personne la plus pauvre et la plus faible que vous ayez rencontrée, et demandez-vous si le geste que vous allez poser lui aurait été utile » (A. Couture).

l'individu. Cela prouve seulement que les problèmes de choix collectifs sont plus complexes qu'on l'imagine généralement et qu'il ne suffit pas d'un ensemble quelconque d'axiomes pour les traiter adéquatement.

Tout le problème peut être reformulé d'une manière plus centrée sur le sens commun en demandant si (même dans leur stade présentement incomplet d'articulation) les grandes distinctions entre un schéma de choix social collaboratif, collectiviste et individualiste sont évidentes. Au-delà de cela, il est peu utile de prétendre pouvoir développer des lois parfaites de choix social qui permettront inéluctablement d'atteindre le meilleur des mondes. Il suffit que le critère puisse permettre d'éviter les erreurs les plus sérieuses et les plus évitables en matière de choix social. Sous cet angle, les règles du choix collaboratif présenté ci-dessus constituent déjà une avancée importante du travail non gandhien contemporain à propos des critères du choix social.

En particulier, ces règles soulignent clairement combien il peut être irrationnel d'ériger la croissance économique comme unique critère au détriment des critères de justice distributive. Elles permettent aussi de décider comment choisir entre les politiques qui offrent une croissance plus rapide et celles qui offrent un plus grand progrès sur le plan de la justice sociale. Enfin, elles sont un antidote à une trop grande insistance à la fois sur la croissance économique et sur la répartition des biens. Dans cette mesure, ces règles conduisent ultimement aux formulations gandhiennes du choix satisfaisant pour ce qui est de l'augmentation des épargnes et l'augmentation de l'emploi.

D. La non-violence comme critère dans l'élaboration d'un projet économique

Gandhi aimait décrire son idéal économique comme celui d'une économie non violente. Il est donc extrêmement important de comprendre comment la non-violence peut être un critère opérationnel significatif dans l'élaboration de systèmes économiques. C'est alors seulement que nous pouvons espérer comprendre dans quelle mesure la configuration d'une économie collaborative (développée à l'annexe C) est conforme à l'idéal gandhien de non-violence.

1. La sémantique de la non-violence

Gandhi n'était pas très à l'aise avec le terme « non-violence ». La façon dont le mot est construit comporte l'implication sémantique que le concept corresponde à l'absence ou à la négation de la violence[1]. D'un autre côté, Gandhi insistait pour dire que son concept – que nous appellerons le « concept gandhien de non-violence » (CGNV) – était un concept positif impossible à définir uniquement en niant ou en éliminant un élément.

La signification opérationnelle de cette insistance est qu'elle contredit les essais qui ont été faits après Gandhi pour mesurer la violence et poser la diminution de la violence comme le critère d'un système social acceptable. Peu importe si la violence est définie d'une manière étroite (en suivant Boulding) ou large (en suivant Galtung), cette approche ne peut être l'approche gandhienne puisqu'elle suppose qu'on limite la non-violence à la négation de la violence.

Un second point que Gandhi n'a jamais cessé de répéter est que, sauf d'une manière dérivée et dans un sens secondaire, la polarité « violent/non violent » ne s'applique pas aux actes considérés

---

[1] L'auteur fait allusion ici au fait que le mot sanskrit *ahimsâ* (repris dans les langues modernes) signifie littéralement « le fait de ne pas désirer tuer », et exprime par conséquent un idéal où toute violence serait bannie (A. Couture).

isolément. Cette polarité renvoie plutôt au contexte psychosocial de l'action et à l'orientation motivationnelle de l'acte. Par exemple, Gandhi considère comme violente la recherche d'épargne et d'accumulation du capitaliste, mais l'épargne d'un travailleur autonome pour mieux assurer la protection de sa famille sera pour lui un acte non violent.

Nous comprenons que le CGNV est un concept qui peut être défini en termes positifs et qu'il doit être défini en référence aux sources motivationnelles et relativement aux contextes psychosociaux. À l'aide de la sémantique korzybskienne, on peut proposer l'opérationnalisation qui suit du CGNV

2. Trois « orientations »

Le comportement économique (ou, d'ailleurs, les actes sociaux de tout type) peut être guidé par trois types distincts d'orientation motivationnelle. La première est représentée par l'orientation Je-Ils (OJ-I) dans laquelle l'individu poursuit ses intérêts propres en négligeant l'effet de ses actes sur tous les autres êtres humains qui sont regroupés ensemble dans le groupe « Ils ». Comme le montrent Korzybskii, BillingHouse et Laing, cette orientation est typique des enfants normaux, des adolescents délinquants et des adultes sociopathes. Un exemple typique de comportement OJ-I est le maintien d'une habitude de consommation abusive de l'alcool sans considérer son impact sur les finances et le bien-être de la famille.

Une deuxième orientation plus adulte est l'orientation Nous-Ils (ON-I) dans laquelle l'individu distingue un groupe d'appartenance (nous), dont il doit prendre en considération le bien-être dans ses actions, et un groupe étranger dont il n'a pas à prendre en considération le bien-être. Ce comportement est caractéristique des enfants normaux plus vieux, des adolescents non délinquants et de la masse des gens d'âge plus mûr. C'est le passage du comportement OJ-I au comportement ON-I qui constitue la socialisation de l'ego de l'enfant.

Le comportement ON-I comporte un côté positif et un côté négatif. Il peut conduire à des résultats bénéfiques comme le soin (à l'intérieur du groupe d'appartenance) des membres plus faibles par les membres plus forts, le partage à l'intérieur du groupe des coûts et des bénéfices, ainsi qu'à d'autres formes de sacrifice et de discipline dans l'intérêt du groupe. Les aspects négatifs du comportement ON-I apparaissent dans des comportements comme la violence intercommunautaire, la discrimination sociale, etc. Il est possible d'identifier les dimensions positives du comportement ON-I comme correspondant au degré inférieur du CGNV[2].

Enfin, il y a l'orientation-Nous (ON) dans laquelle l'individu considère l'humanité tout entière comme son groupe d'appartenance, sans qu'aucun sous-groupe puisse être considéré comme « Ils ». Jusqu'à maintenant, une telle orientation n'a été maintenue consciemment que par des déviants considérés comme des « excentriques » ou des « saints » selon le point de vue de l'observateur. Cependant, la plupart des adultes normaux sont capables, par moments, de manifester des comportements ON. Un exemple est la décision fréquente des inventeurs de ne pas exercer leur droit de brevet pour des innovations qu'ils croient valables pour l'humanité dans son ensemble. Un tel comportement peut être considéré comme un degré supérieur du CGNV.

3. Le contexte sociopsychologique

Gandhi reconnaissait que la fréquence et la force du comportement CGNV dans sa forme inférieure ou supérieure doivent être reliées au contexte social dans lequel les actes de décision sont exécutés. Dans la plupart des systèmes économiques contemporains, les contextes sociaux des décisions économiques sont structurés de manière à ce que le comportement OJ-I et le comportement ON-I négatif soient habituellement « bénéfiques » et positifs, tandis que les comportements ON-I et ON sont le plus souvent inappropriés par rapport au contexte et « désavantageux ». En dernière analyse, puisque le sort de l'orientation que nous

[2] C'est d'un semblable comportement dont témoigne la maxime indienne bien connue : « Cet homme est-il l'un des nôtres, ou bien est-il un étranger ? Tel est le calcul des gens à courte vue. Mais les personnes généreuses ont pour famille la terre entière » (A. Couture).

manifestons est un produit du processus d'apprentissage social, il n'est pas étonnant que les comportements OJ-I et ON-I négatifs constituent la « norme » au moins dans le champ du comportement économique et que le comportement ON demeure une caractéristique d'une minuscule minorité de déviants, même si on rencontre parfois des comportements ON-I positifs.

Gandhi plaçait son idéal dans un système économique différent où le contexte social des décisions économiques serait tel que les comportements ON-I positifs et ON seraient « bénéfiques ». La configuration du contexte social se trouverait alors à décourager les comportements OJ-I et ON-I négatifs. L'apprentissage social (en relation avec le comportement économique) tendrait à augmenter la fréquence et la force du comportement ON-I positif et ON. On comprend que la configuration sociale du système économique soit de plus en plus nécessaire à la poursuite de la réalisation du CGNV.

4. Le critère opérationnel

Le critère d'un projet économique qui soit opérationnel consiste à se demander jusqu'à quel point celui-ci offre des chances pour que s'y développe un comportement correspondant au CGNV (ON-I positif +ON), dans la mesure où il ne laisse aucune chance que s'y manifestent des comportements incompatibles avec le CGNV (ON-I négatif + OJ-I) et qu'on va même jusqu'à prendre des mesures adéquates pour les décourager. Bien sûr, il est aussi impossible de concevoir « parfaitement » un tel système économique que de concevoir une machine « parfaitement efficace ». Il est cependant possible d'en arriver graduellement à concevoir dans l'idéal un tel système économique, sans qu'apparaissent des symptômes négatifs économiquement parlant.

Puisque l'effusion de sang et les actes physiques violents proviennent principalement (lorsqu'ils sont motivés rationnellement) de comportements OJ-I négatifs et de comportements ON-I, on peut s'attendre à ce que de tels actes soient beaucoup moins fréquents dans une société dont la base économique est conforme aux critères du CGNV. Les problèmes du contrôle de la psychopathologie individuelle et des manifestations d'éruptions irrationnelles de violence liée au comportement ON-I négatif persisteront. En d'autres termes, on ne peut pas s'attendre à ce qu'une solution au problème de la sécurité sociale vienne de la configuration du système économique. Des méthodes additionnelles d'ingénierie sociale (impliquant l'utilisation d'outils éducatifs et sociaux, ainsi que des techniques de défense communautaire) sont requises pour un traitement satisfaisant du problème qui consiste à réduire au minimum les effusions de sang et la violence.

En effet, en dernière analyse, la diminution de la violence au sens physique n'est pas pertinente pour le problème de la configuration du système économique, sauf dans la mesure où la violence est promue par des conflits d'intérêts économiques et quand une meilleure configuration du système économique peut réduire l'intensité de tels conflits. Même une trop grande utilisation de cette dernière qualification risque d'introduire une confusion dangereuse entre la non-violence comme méthode de résolution des conflits d'intérêts économiques et la non-violence comme critère pour la configuration du système économique. Cette dernière n'a aucune relation conceptuelle avec l'idée d'une élimination ou d'une réduction de la violence physique.

5. La violence sociétale ?

Johan Galtung a proposé une définition de la « violence sociale » qu'il assimile à la différence entre le niveau de vie d'un individu et ce qu'il vie aurait pu être si la société était au niveau optimal de technique et d'organisation. La somme de telles déviations négatives constitue la quantité de violence sociétale. Il considère la réduction de cette somme comme le critère de la non-violence.

Comparé au critère gandhien (qui est parfaitement opérationnel), ce nouveau critère a un caractère fondamentalement métaphysique et il doit être rejeté. Il est impossible de définir le niveau de vie standard qui sera disponible pour chaque individu quand la société aura atteint son maximum techno-organisationnel sans une définition préalable de la nature de ce maximum et du critère qui permet d'en juger. Puisque le seul critère que propose Galtung est la réduction de la violence sociale, sa proposition se réduit à une définition circulaire dans laquelle la violence sociale est mesurée par les déviations des niveaux de vie des individus par rapport à ce qu'ils auraient été si la violence sociale avait été absente. Une telle circularité rend le critère non opérationnel.

Le critère gandhien est nettement supérieur, car (a) il est opérationnel et (b) il est positif par nature, ce qui n'implique aucune approche négative. Il se ramène à une question unique et directe : le système économique est-il d'une nature telle que le comportement économique CGNV devienne normalement la « norme » et qu'avec le temps il devienne graduellement plus fréquent, plus fort et plus élaboré ? S'il en est ainsi, le système économique est fondamentalement en conformité avec les critères du CGNV. Sa configuration peut être considérée comme plus ou moins satisfaisante selon la puissance des forces induisant le CGNV dans le système économique.

6. La non-violence et l'économie fondée sur la collaboration

Voyons maintenant si la configuration de l'économie collaborative est conforme aux critères du CGNV. Comme nous les avons conçus, les contextes sociaux de la décision économique sont organisés de manière à ce que le comportement ON-I positif devienne la norme des décisions économiques.

1. Premièrement, dans la communauté locale, lorsque la force du comportement ON-I est renforcée par les activités économiques coopératives, il devient possible de désapprendre le comportement OJ-I. Le comportement ON-I négatif de l'activité économique coopérative est contrôlé (même s'il n'est pas nécessairement complètement éliminé) par le contexte du comportement ON-I de la planification communautaire.
2. Les activités de la structure coopérative renforcent les forces du comportement ON-I positif dans chaque sous-groupe d'activité de l'économie et fournissent un moyen de contrôler les possibilités de comportement ON-I négatif dans les

communautés locales intégrées. Leurs propres possibilités négatives de comportement ON-I sont (à leur tour) contrôlées par leur relation avec les supercoopératives de consommateurs et par une participation au processus de planification multiniveaux.

3. Les possibilités d'inciter au comportement OJ-I dans les organisations économiques à grande échelle sont contrôlées par le principe de la curatelle, tandis que le comportement ON-I négatif dans l'entreprise est contrôlé par le principe de la copropriété. Les possibilités externes de comportement ON-I sont contrôlées par les relations contractuelles de l'économie collaborative avec des microcommunautés et par la participation de cette économie à la planification économique multiniveaux.
4. L'économie collaborative est donc une construction idéale pour décourager le comportement OJ-I et ON-I négatif et pour encourager le comportement ON- I positif. Cependant, la configuration est encore loin d'être parfaite, car il n'y a pas de contrôle du comportement ON-I négatif dans les autres économies et il n'y a pas de pression pour le développement de comportement NO. La non-violence impliquée est seulement celle du CGNV de niveau inférieur et elle n'est parfaite en aucun cas.
5. On obtient une plus proche approximation du CGNV en imaginant le système économique comme un système mondial qui englobe le monde dans son ensemble. Dans ce cas, le comportement ON-I positif pour l'économie dans son ensemble implique *de facto* le comportement ON. Cependant, cette « supposition » ne peut être acceptée comme pertinente sans un examen plus poussé des enjeux fondamentaux de la collaboration économique internationale et de la validité du concept de configuration d'un système économique pour un seul monde. Cette question a été abordée dans les chapitres X et XI qui traitent des problèmes des priorités économiques et de la transition vers un ordre économique gandhien.
6. Donc, telle qu'elle est, l'économie collaborative ne peut être vue comme conforme au critère de la non-violence que dans le sens inférieur qui a été identifié ci-dessus pour les critères

du CGNV. À ce niveau moins ambitieux, le degré de conformité est posé d'une manière tout à fait adéquate.

Après avoir considéré les problèmes des priorités économiques contemporaines et aussi le problème de la transition, nous serons en bonne position pour voir comment ce type d'économie peut graduellement se poser en conformité avec le CGNV de niveau supérieur par des modèles appropriés de priorités économiques et d'institutions pour la collaboration économique internationale.

Conclusions

Notre discussion de la non-violence comme critère d'une configuration économique et notre analyse de la manière selon laquelle ce critère peut être opérationnalisé n'épuisent pas les rôles du concept de non-violence dans l'économie gandhienne. Ce concept a été abordé dans deux contextes : (a) comme critère de choix des mesures de transition et (b) comme critère de choix des priorités économiques. Mais ces aspects ont déjà été traités dans le texte principal.

E. Le problème de la sécurité nationale

Un système économique organisé selon les orientations fournies par Gandhi serait sans doute une économie non violente. Cependant, un État-nation gandhien devrait faire face au problème du maintien de la sécurité nationale au moins aussi longtemps que toutes les nations ne se seraient pas converties à un mode de vie non violent. La façon dont une nation gandhienne devrait résoudre le problème de la sécurité nationale est une question qu'il reste à discuter adéquatement. C'est essentiellement un problème de philosophie gandhienne qui, à proprement parler, ne fait pas partie du sujet de ce livre. Cependant, puisque la façon selon laquelle le problème particulier de la sécurité nationale est traité comporte certaines implications pour le développement économique et la politique économique, il est nécessaire d'en discuter plus longuement.

1. Les principes généraux

Il y a fondamentalement quatre types de menaces à la sécurité nationale qu'un État moderne est susceptible de rencontrer : (a) des menaces sécessionnistes d'une partie du pays, (b) la menace d'une guerre civile interne, (c) des raids à la frontière par des nations voisines malveillantes et (d) une guerre ouverte avec des nations voisines. Les problèmes des deux premiers types sont considérés comme des problèmes de sécurité *interne* et ceux des deux derniers types sont appelés des problèmes de sécurité *externe*.

Idéalement, une nation gandhienne devrait viser à se protéger d'une manière non violente. Bien sûr, cela ne peut être toujours possible et il se pourrait que l'État-nation doive minimalement se préparer à résister à la violence pour pouvoir traiter des violences internes et externes. Cependant, les coûts d'une telle préparation doivent être maintenus à un minimum compatible avec la sécurité nationale. L'édification de forces armées serait une politique complètement contraire aux principes généraux gandhiens.

En 1947, Gandhi écrivait à Sardar Vallabhbhai Patel :

> L'Inde devrait donner l'exemple d'une pratique nationale de la non-violence. Idéalement, il ne devrait pas y avoir de forces armées militaires et policières. Bien sûr, cela ne peut pas se faire aujourd'hui. Cependant, notre politique doit viser à se rapprocher de ce but le plus rapidement possible[1].

L'objectif général est donc de progresser autant que possible vers le désarmement total des forces militaires et policières.

2. La sécurité interne

Gandhi soutenait que toute nation qui adopterait son projet d'organisation économique jouirait d'un important avantage sur les autres nations en matière de sécurité interne. Comme nous l'avons vu, une organisation économique gandhienne comporte un maximum d'autonomie locale et régionale. En conséquence, en vertu d'un tel accord, la sorte de tensions qui conduit à des mouvements sécessionnistes et séparatistes serait absente. De plus, puisque le système politico-économique permet des changements en vertu du *satyagraha* et d'autres formes d'action politique non violente, la sorte de surenchère de violence qui conduit à la guerre civile se désamorcerait bien avant d'atteindre un point de non-retour.

Même dans le cas de la criminalité ordinaire, Gandhi s'attendait à ce que son système économique tende à minimiser les crimes en supprimant ses deux principales causes : la pauvreté et la cupidité. Bien sûr, le comportement individuel déviant pourrait encore exister (et il existera probablement), mais il deviendra suffisamment rare pour pouvoir être traité facilement par des techniques non violentes de travail social.

> Une économie non violente en est une qui est libérée de la cupidité, de l'exploitation et de la pauvreté. Il est inutile qu'une telle nation maintienne des forces militaires et policières pour se protéger de ses propres citoyens. Les crimes deviendront

---

[1] Lettre du 3-10-1947.

> […] d'exceptionnels cas de démence et devront être traités de la même façon (Varshney, 1963).

Évidemment, donc, plus une nation gandhienne progresserait vers l'idéal gandhien, moins il serait nécessaire de maintenir des forces policières et militaires pour la sécurité *interne*.

3. La sécurité externe

Il est également clair qu'un État-nation gandhien n'aurait lui-même aucun intérêt pour le pouvoir et n'aurait rien à gagner à agresser lui-même un autre pays. Dans un monde de nations gandhiennes, les forces armées cesseraient donc tout simplement d'exister. Cependant, dans un monde d'États-nations violents, une nation gandhienne serait forcée de conclure des accords pour assurer sa protection contre une éventuelle agression de la part d'un État voisin. Toutefois, de tels accords doivent impliquer (a) une minimisation des *coûts* pour la préparation de la défense et (b) un recours maximal à des méthodes de défense non violentes.

4. Un peuple qu'il faut armer

Une des idées fondamentales de Gandhi est qu'il fallait armer le peuple. Il était grandement impressionné par le fait que les Suisses aient pu réussir à maintenir leur existence nationale dans une Europe déchirée par la guerre (a) sans former une grande armée et en maintenant une stricte neutralité, et (b) en armant le peuple lui-même pour assurer sa protection contre une agression. Il a remarqué en 1918 :

> L'exemple de la Suisse est un excellent […]. Il montre qu'une grande armée et de grands systèmes militaires sont totalement inutiles pour l'autodéfense nationale. […]. Les Suisses ont mis leur confiance dans leur propre non-agression, leur stricte neutralité [… et] dans l'héroïsme de leur propre peuple armé. […]. En Inde, l'armée est là pour défendre les Britanniques contre le peuple […]. L'Inde de mes rêves n'aurait pas besoin

d'une telle force militaire[2]. Il est revenu plus tard sur ce thème d'une population armée comme stade intermédiaire entre « l'armement agressif » et le « désarmement complet ».

> Un peuple armé, organisé en profondeur et déterminé à se défendre lui-même est meilleur qu'une grande armée [...] avec toutes ses dépenses pour l'armement. La France a été incapable de se défendre contre Hitler [...] et pourtant ni Hitler ni Mussolini n'étaient préparés à prendre le risque de violer la neutralité suisse. Bien sûr, mieux vaut s'appuyer totalement sur la non-coopération non violente pour combattre un agresseur [...]. Si nécessaire il serait glorieux de mourir dans une telle expérience [...]. Mais si une nation n'est pas prête à de tels sacrifices, elle peut encore se défendre adéquatement par une résistance armée populaire et déterminée [...]. Elle n'a pas besoin d'armées pour se défendre[3].

Incidemment, de nombreuses expériences (incluant celle du Vietnam) ont montré que la résistance armée déterminée d'*un peuple* est presque toujours supérieure à une armée professionnelle dotée de haute technologie, mais auquel le support populaire fait défaut.

5. La diminution de la taille de l'armée régulière

Toute nation qui désire progresser vers la non-violence et vers une réduction des coûts de la sécurité peut donc faire un premier pas en adoptant la stratégie suivante :

1) armer et entraîner le peuple pour une « guerre du peuple » contre tout agresseur externe ;
2) réduire continuellement la taille de l'armée régulière, tout en améliorant son pouvoir de frappe et sa mobilité ;
3) maintenir une attitude de stricte neutralité et de paix dans les affaires internationales ;
4) tenter d'en arriver à un règlement pacifique de toutes les disputes territoriales avec les voisins.

---

[2] Jagjit Singh « Prashant », *With Gandhi in Natal*, Bombay, 1937, p. 22-23.
[3] « Réflexions sur la guerre en cours », *Harijan*, p. 3 et 8, 1941.

Il est intéressant de noter que la plupart des spécialistes de la stratégie de défense de tous les pays qui n'ont pas l'ambition de devenir une puissance mondiale sont parvenus à une position qui se rapproche de celle qui vient d'être décrite. Voici ce qu'on peut lire dans une étude récente de la célèbre RAND Corporation[4] :

> Une préparation extensive adéquate de la part des citoyens pour une résistance *armée* à une agression et une force de défense professionnelle, mobile et de haute qualité, mais petite, semble être la combinaison idéale pour toute nation qui n'exige pas une posture de défense globale. [...] D'un point de vue uniquement rationnel, un agresseur trouverait qu'il est impossible de développer une stratégie contre une telle posture de défense. […] Attaquer et occuper le territoire d'une telle nation serait une aventure si coûteuse qu'elle serait presque impossible et il suffit d'une armée petite, mais mobile, pour intercepter des attaques ou des expéditions punitives. (*Une approche systémique de la défense nationale* », M.I.T. Press, 1975, p. 29, 30).

Bien sûr, une telle posture n'est possible que si une nation n'a pas de sérieux problèmes de guerre civile intérieure ou d'insurrection. Mais cette condition n'est pas importante pour une nation gandhienne puisque, par définition, elle serait libérée de ce genre de difficultés.

6. L'idéal ultime

Ainsi donc, en partant d'une politique de réduction rapide des forces policières, militaires et paramilitaires maintenues pour des

[4] La RAND Corporation (« Research and Development »), fondée en 1948 par la Douglas Aircraft Company pour conseiller l'armée américaine, est une institution américaine de conseil et de recherche qui s'est donné pour objectif d'améliorer la politique et le processus décisionnel par la recherche appliquée et l'analyse stratégique. Elle a ensuite progressivement élargi son champ d'action en travaillant pour d'autres gouvernements, pour des fondations privées, pour des organisations internationales et pour des entreprises privées, sur des questions de défense et de sécurité, ainsi que sur l'économie industrielle en général.
https://fr.wikipedia.org/wiki/RAND_Corporation.

fins de sécurité *interne*, la nation gandhienne peut procéder rapidement à la réduction de l'armée régulière dont elle a besoin pour des fins de sécurité *externe* en armant simultanément le peuple pour qu'il assure sa propre défense et en améliorant la mobilité et la force de frappe de ses forces armées. Après une période de progrès vers une non-violence (encore imparfaite), la nation peut s'approcher d'une non-violence plus parfaite – sur la base de la confiance qu'elle a en elle et de la reconnaissance internationale qu'elle a gagnée en poursuivant la paix avec sincérité. Gandhi suggérait trois étapes par lesquelles une nation pourrait, en concertation avec les autres nations, se rapprocher de la non-violence.

Des pactes de désarmement locaux

Une telle nation peut proposer à ses voisins un pacte local de désarmement par lequel chaque nation du groupe local se désarme, dans la mesure où il avait maintenu auparavant des armées contre ses voisins. Il faudra auparavant que les principales disputes territoriales (s'il y en a) aient été réglées par des méthodes démocratiques et plébiscitaires ou par arbitrage international. Gandhi lui-même se préoccupait beaucoup de parvenir à un tel pacte de désarmement entre l'Inde, le Pakistan, la Birmanie, le Ceylan et l'Afghanistan. Il pensait qu'un tel pacte de désarmement local « vaudrait la peine d'être obtenu même au coût de « pertes » dans les disputes territoriales si on y parvenait par des voies démocratiques » (Lettre à Vallabhbhai Patel, p. 1-9, 1947).

Des zones libres d'armes

La deuxième étape qu'il proposait était la création, sur la base de telles aires de désarmement local, de zones libres d'armes garanties internationalement. De telles « zones » consisteraient en des groupes de nations qui accepteraient volontairement un désarmement total d'une manière supervisée internationalement. L'intégrité de ces nations contre les agressions venant de l'extérieur de cette aire serait garantie par un accord international liant tous les pays ayant des frontières communes avec une telle zone libre d'armes.

Des forces internationales de gardiens de la paix

De plus, tous les pays qui adopteraient la voie gandhienne pourraient renoncer à l'utilisation individuelle des forces de gardiens de la paix et mettre leurs forces armées sous le commandement des autorités internationales de maintien de la paix. Bien sûr, cela impliquerait la création d'une force internationale de gardiens de la paix suffisamment forte et indépendante, mais des commissions spéciales pourraient facilement être créées dans le cadre actuel des Nations unies pour traiter de la sécurité des zones libres d'armes.

7. Un utopisme pratique

Sur la question du désarmement, comme sur la plupart des autres questions, Gandhi défendait donc un utopisme pratique. Il reconnaissait que la solution idéale du désarmement universel était un but lointain qui ne pourrait être atteint qu'avec de nombreuses étapes intermédiaires. Cependant, ce qu'il voulait faire immédiatement, c'était de faire un pas dans cette direction et ce pas impliquait les idées d'autodéfense populaire et de réduction rapide et planifiée des dépenses pour la police et l'armée.

Ce premier pas, qui lui paraissait parfaitement faisable et pratique, était tout ce qui est requis en ce qui concerne la planification économique. Toute nation qui adopterait les politiques économiques gandhiennes commencerait par geler les dépenses pour l'armée et la police à leur niveau actuel. Deuxièmement, elle élaborerait des plans pour transférer les devoirs des gardiens de la paix à des groupes d'autodéfense basés dans la communauté. Dans la mesure où ces groupes se développeraient, les dépenses pour l'armée et la police seraient réduites – par étapes et selon un plan – disons de 6 à 10 pour cent par année.

En suivant une telle stratégie et en poursuivant dans la mesure du possible l'idéal du désarmement total, une nation gandhienne pourrait réduire le fardeau des dépenses pour la sécurité nationale et progresser vers une économie de paix. Il est difficile de prédire jusqu'où irait ce progrès et à quelle vitesse il pourrait se produire. Cela varierait de pays en pays, mais dans chaque cas (sauf peut-être pour les pays qui ont un rôle militaire global) l'objectif d'une réduction rapide des dépenses pour l'armée et la police serait parfaitement plausible et c'est tout ce qui compte.

8. Les industries de la défense

Avec une réduction planifiée et rapide des dépenses pour la police et l'armée, on n'aurait pas besoin de faire de grandes dépenses dans les industries de la défense. En particulier, la cible de l'industrialisation pour la défense ne serait plus pertinente, puisque (a) les forces populaires des gardiens de la paix (qui seraient en expansion) n'auraient pas besoin d'armes et d'équipements hautement sophistiqués, (b) l'armée régulière, dont la taille serait de moins en moins grande (même si elle aurait besoin d'armes et d'équipements hautement sophistiqués) ne serait pas assez importante pour exiger beaucoup de dépenses qui proviendraient d'une industrie liée à la défense nationale.

La stratégie de production pour la défense ne comporterait donc (a) qu'une production décentralisée et à petite échelle d'équipement pour « la défense du peuple », tandis que (b) la toute petite armée professionnelle pourrait facilement importer l'équipement sophistiqué dont elle aura besoin. Puisqu'on ne s'attend pas à ce que l'armée s'engage dans une longue guerre conventionnelle, mais qu'elle soit seulement un outil de dissuasion momentané, ce serait une stratégie suffisamment sûre.

En répartissant les industries de la défense et en réduisant leur importance en nombre et en grosseur, on se rend également moins vulnérable au sabotage. Joue également en faveur d'une protection plus facile à assurer la dispersion des habitations et des zones industrielles qui correspond à un parti pris pour la décentralisation selon la stratégie économique gandhienne.

9. Conclusion

Notre brève enquête sur les problèmes de défense d'un État-nation gandhien n'a pour but que de montrer que les contraintes dont on a parlé et qui pourraient être liées aux questions d'autodéfense nationale n'empêchent nullement la poursuite d'une politique économique gandhienne. Il faudrait une analyse beaucoup plus détaillée et concrète des problèmes de défense de pays particuliers pour en arriver à établir les paramètres d'une politique de défense gandhienne aboutie. Toutefois, cela exigerait une longue étude qui pourrait faire l'objet d'un autre livre. Notre but ici était seulement de montrer qu'il n'est pas nécessaire dans l'optique de Gandhi d'en arriver à construire une industrie axée sur la défense du pays.

RÉFÉRENCES

Barnowsky, T. (1967). « Evolving Market Relationships in Early Stages of Capitalist Evolution », 1884. Reprinted in *Collected Papers*. London, Macmillan.

Bhagwati, J. (1965). « The Pure Theory of International Trade », *Surveys of Economic Theory.* American Economic Association and Royal Economic Society, London, Macmillan.

Buckminister Fuller, *Utopia or Oblivion*, 1972; W. Warren Wright, *Building the City of Man.* World Order Books, New York, 1971.

Chenery, H. B. (1965). *Comparative Advantage and Development Policy. Surveys of Economic Theory.* Vol. II. American Economic Association and Royal Economic Society.

Conrad, A. H. (1962). *Unemployment in a Growing Economy.* Netherland Inst. Div. of Balanced International Growth.

Das, A. (1973), « The Gandhian Case Against Capital-Intensive Techniques », *Gandhian Studies*, vol. 12, No. 3, Allahabad.

Das, A. (1973-74). *A General Algorithm for Unified Rural Area Development*, Indian Council of Social Sciences (ICSSR) Project.

Das, A. (Winter 1966). « Implicit Socioeconomic Analysis in Gandhian Thought », *Quest*, Volume 48, p. 10-26.

Dobb, M. (1960). *An Essay on Economic Growth and Planning.* London, Routledge, Kegan & Paul.

Domar, E. (1957). « A Soviet Model of Economic Growth », *American Economic Review.*

Fuller, B. K. (1073) *Utopia or Oblivion, The Prospect for Humanity*. New York, Penguin.

Gandhi, M. K. (1951). *Towards Non-violent Socialism*, Ahmedabad, Vavjivan Press.

Gandhi, M. K. (1945). « Preface », Kumarappa, *Economy of Permanence.* Rajghat, Varanasi, Sarva Seva Sangh Prakashan.

Gandhi, M. K. (1959) *Birth Control – The right Way and the Wrong Way.* Navajivan Publishing House, Ahmedabad.

Gardiner, T. S. (1976). « The Evidence of the Limits to Growth », *Ekistic*, vol. 4, no 3, Minnesota.

Haavelmo, T. (1954). *A Study in the Theory of Economic Evolution.* Amsterdam : North Holland Publishing Company.

Hirschman, A. O. (1958) *The Strategy of Economic Development.* New Haven, Connecticut, Yale University Press.

Indian Renaissance Institute (1977) *People's Plan II. A Plan for India's Economic Development*, Calcutta, Minerva Associates. (Chapter 1).

Jorgenson, D. W. (1961). « The Development of a Dual Economy », *International Economic Review (IER).* vol. 2, 1.

Leontief, W. (1951). *The Structure of the U. S. Economy.* New York, International Arts and Sciences Press.

Lucienne F. et P. Jaris, (1974). *Sociological Foundations of Population Control.* New York, Wiley and Sons.

Mahalanobis, P. C. (1958). *Samkhya, The Indian Journal of Statistics (1933-1960),* Indian Statistical Institute.

Maung, U. B. (1976). « Evidence on Incremental Employment Response to Investment in Backward Economies », paper No. 12,

Myrdal, G. (1968). *Asian Drama. An Inquiry into the Poverty of Nations.* New York, Pantheon ed., (Vol. III. Appendix 13).

Pruin, F. (June, 1975). « The Social Theory of Microgroups », *Harvard Business Review.*

Raj, K. N. (1960). « Planning for Growth with Stagnant Exports », *Indian Economic journal.*

Robinson, J. (1956). *The Accumulation of Capital.* London, Macmillan.

Rostow, W. W. (1959). *The Stages of Economic Growth and the Problems of Peaceful Coexistence.* Center for International Studies Massachusetts Institute of Technology, Cambridge.

Semiramis, C. (1974). *The Facts of the Crisis of Industrialism.* Milan Pamphlets No. 2.

Sen, A. (1968). *Choice of Techniques. An Aspect of the Theory of Planned Economic Development.* Oxford, Blackwell.

Sen, A. ed. (1970) *Growth Economics. Selected Readings.* New York, Penguin Books.

Tinbergen, J. (1956), *Economic Policy. Principles and Design.* Amsterdam, North Holland Publishing Company.

Toffler, A. (1970) *Future Shock.* New York, Random House.

Varshney, S. K. (1963). *The Gandhian Way to Peace.* Bombay, Manaktal, p. 13.

Wright, W. W. (1971). *Building the City of Man* World Order Books, New York.

Table des matières

ANNEXES

Structures éditoriales du groupe L'Harmattan

L'Harmattan Italie
Via degli Artisti, 15
10124 Torino
harmattan.italia@gmail.com

L'Harmattan Hongrie
Kossuth l. u. 14-16.
1053 Budapest
harmattan@harmattan.hu

L'Harmattan Sénégal
10 VDN en face Mermoz
BP 45034 Dakar-Fann
senharmattan@gmail.com

L'Harmattan Cameroun
TSINGA/FECAFOOT
BP 11486 Yaoundé
inkoukam@gmail.com

L'Harmattan Burkina Faso
Achille Somé – tengnule@hotmail.fr

L'Harmattan Guinée
Almamya, rue KA 028 OKB Agency
BP 3470 Conakry
harmattanguinee@yahoo.fr

L'Harmattan RDC
185, avenue Nyangwe
Commune de Lingwala – Kinshasa
matangilamusadila@yahoo.fr

L'Harmattan Congo
219, avenue Nelson Mandela
BP 2874 Brazzaville
harmattan.congo@yahoo.fr

L'Harmattan Mali
ACI 2000 - Immeuble Mgr Jean Marie Cisse
Bureau 10
BP 145 Bamako-Mali
mali@harmattan.fr

L'Harmattan Togo
Djidjole – Lomé
Maison Amela
face EPP BATOME
ddamela@aol.com

L'Harmattan Côte d'Ivoire
Résidence Karl – Cité des Arts
Abidjan-Cocody
03 BP 1588 Abidjan
espace_harmattan.ci@hotmail.fr

Nos librairies en France

Librairie internationale
16, rue des Écoles
75005 Paris
librairie.internationale@harmattan.fr
01 40 46 79 11
www.librairieharmattan.com

Librairie des savoirs
21, rue des Écoles
75005 Paris
librairie.sh@harmattan.fr
01 46 34 13 71
www.librairieharmattansh.com

Librairie Le Lucernaire
53, rue Notre-Dame-des-Champs
75006 Paris
librairie@lucernaire.fr
01 42 22 67 13

www.ingramcontent.com/pod-product-compliance
Lightning Source LLC
LaVergne TN
LVHW010927061026
849535LV00007B/2273
* 9 7 8 2 1 4 0 4 9 2 0 7 5 *